# オンライン就活は面接が9割

内定を勝ち取る人の準備術

キャリアコンサルタント
瀧本博史

青春出版社

# はじめに　就活のオンライン化でも変わらない面接の本質

２０２０年、新型コロナウイルスは瞬く間に全世界へと広まっていきました。

就職活動をする学生たちは、「さぁ、これから！」という時に直撃を受け、相次ぐ説明会の中止、対面での面接中止、２０２０年度の採用試験自体が中止などという事態に直面し、一瞬にして「先行き不透明」という状況に陥りました。

この本を手にとってくださった皆さんのなかにもこれから先、就職活動がどうなっていくか、不安に感じている人も少なくないでしょう。

しかし、心配いりません。

詳しくは本編で述べますが、一部の業種・業界を除き今後も売り手市場であることは変わりませんし、コロナショックをきっかけに本格化したオンライン就活は、それまで「なんとなく……」、「みんながやっているから……」と受け身になりがちだった就活生に対して、行きたいところは自分から決める〝攻めの就活〟という新しいトレンドを与えてくれました。

企業からも、オンライン就活によって「今まで会えなかった人材に会うことができた！」

と大好評なのです。

私はこれまでキャリアコンサルタントとして25年間以上に渡り、３万人以上の学生に就活支援を行ってきました。長年現場で学生を指導してきた私にとっても、この〝就活のオンライン化〟は大きな変化であることは確かです。

しかし、「人が人を選ぶ」という面接の本質はオンラインになっても何も変わりません。つまり、面接の本質が変わらない以上、従来の面接対策がオンライン面接でも役に立つのはもちろん、これからはオンライン面接ならではのノウハウを身につけることが、就活でライバルとの差を広げる大事な要素となるのです。

そこで本書では、オンライン面接で１２０％の力を出しきることができるよう、面接準備術や本番の対策などを中心に解説していきます。

また、この一冊で内定までのサポートをしっかりできるように、自己分析の方法、エントリーシートの書き方も詳しく解説しています。

就職活動をする皆さんが理想の企業に出会える、その一助になれば幸いです。

瀧本　博史

# オンライン就活は面接が9割

目次

## 1章 オンライン時代の「就活」戦略

目次

# 2章 オンライン面接にはツボがある

目次

目　次

## 3章　自分の強みを最大限に活かす「自己分析」のコツ

目次

本文DTP:エヌケイクルー
カバー写真:istock.com/efuroku

# 1章

# オンライン時代の「就活」戦略

# オンライン就活でチャンスは倍増した

新型コロナウイルスの流行によって「対面」での就活に制約が加わる中、採用側の企業が目をつけたのが「オンラインでの採用試験」です。

もともと筆記試験にあたる「ＳＰＩ」や「ＧＡＢ」、「玉手箱」などは、テストセンターや自宅でできるものもあり、インターネットにつながる環境さえあれば、大学の構内（フリーＷｉ-Ｆｉなど）でも受験することが可能で、非接触での実施は可能でした。

しかし、面接試験となると、エントリーシートに書いてある文字や面接での発言以外からも伝わる「温度感」を重視したいと「対面」での実施希望は根強いのも事実です。

実際のところ、２０２０年5月29日に発表された、株式会社マイナビが展開する新卒採用担当者の方へ有益な情報を提供することを目的とした「新卒採用サポネット」の特集、「２０２１年新卒採用は6月以降どのような動きになるのか～『〈緊急〉２０２１年卒マイナビ企業新卒採用予定調査～新型コロナウイルス感染拡大の影響～』より～」を参照してみると、新卒採用意欲に対する新型コロナウイルスの影響が懸念されましたが、４月の段階では企業の採用予定数は「当初の予定どおり」とする回答が82・6％であり、学生の内々定率も3月時点では20・5％（対前年7・8ポイント増）と前年を上回っており、複数企業から内定という学生の数は少ないものの順当に内定を獲得している状況でした。

これは現場で支援をしていた私自身の体感ですが、選考が中止となったエアライン等を除き、特に首都圏では順調だったと感じています。

また、総務省の推計確定値を見ても、2020年7月時には生産年齢人口（生産活動の中心にいる15歳以上65歳未満の人口層のこと）が7487万人（総人口に占める割合は59・4％）だったのが、国立社会保障・人口問題研究所の将来推計では20年後の2040年に5978万人（53・9％）まで減少すると推測されており、今後の日本経済を発展させていくためには若年層への人材教育が不可欠となっているため、大規模な経済の停滞が起こらない限りは学生の売り手市場は続くだろうと予測しています。

これらの理由から学生にとっての就活は、今後も売り手市場であり、一部の業界を除き、一時的な衰退はあったとしても企業が学生を選ぶというよりも学生が企業を選ぶという状態に変化はないでしょう。

こういった時代背景もあり、学生から私たち学生支援をしている側には、「『対面で面接をする』と企業から言われてどうしようか困っています」という相談が複数寄せられていました。

この理由は、「本命の企業の選考がその後に控えているので、今、対面での接触をして万が一コロナに感染したら、そこを受けられなくなるのでイヤ」という気持ちからなのです。

この質問に対して、学生支援をしている私たちは、売り手市場だからという前提があるから言えたのですが、「あなたたちのほうが就職先を選ぶ権利があるのだから、選考を受ける企業の行動に疑問に思うところがあったら、選考を途中でやめるということもできるんだよ」と対応していました。

しかし、オンライン面接に切り替える企業も多い中、一部の企業では先行きが見えないことからか、新型コロナウイルスは一過性のものであると感じたからなのか、オンラインの有効性はわかりつつも新たな設備投資としてのオンラインシステムの導入に費用をかけたくないという企業もあり（中小企業に限っては、IT導入補助金という政府からの補助金があるのですが）、古くから全国の支店同士をつないでいる「テレビ電話」をなんとか活用できないかと策を練ってみたり、普段の業務で使っているGoogleのHango ｕｔｓや、パソコンのＯＳにデフォルトでついているＭｉｃｒｏｓｏｆｔのＴｅａｍｓなどのオンラインシステムの活用を試みたりして、２月・３月はそのよさがわからずにただ様子をうかがっているだけの停滞が起きていました。

この企業側の模索や停滞により、選考に使われるオンラインシステムにバラツキが生まれ、選考を受ける学生側にとっては、「なんだか待たされることが多くなって思うように就活が進まないぞ」とちょっとした混乱が起きていました。

詳しくは後述しますが、結果としてオンライン就活は大成功で、学生側からは「時間効率がいい」、「交通費の心配がない」、「地方から首都圏への就活が容易」、「首都圏から地方への就活が容易」、「海外から日本への就活が容易」、「遠方からの就活が容易」、「今まで手が届かないと思っていた企業から平等な情報提供を得られる」などのメリットが生まれました。

その一方で採用側からは、「経費の節約になる」、「今まで会えなかった意欲的な学生と会える」、「周りの環境を気にせずに学生の本音が聞ける」などの気づきが生まれ、徐々にオンラインの利点を知った採用側は、公務員試験でも急遽オンライン面接に切り替える自治体が出てくるほど積極的にオンライン化を進めていくようになりました。

## 理系でも地方でもオンラインなら不利はない

地方から首都圏へ就職したい学生にとって、交通費は大きな問題です。

２０１９年10月に株式会社ディスコが発表した「10月1日時点の就職活動調査：キャリタス就活２０２０　学生モニター調査結果」によれば、「リクルートスーツ代」、「交通費」、「宿泊費」、「資料費」、「備品代」、「有料講座受講費」、「その他諸経費」の７つの項目を合わせて就活にかかった費用の平均は13万６８６７円でした。総額で最も高かった地域は北海道の23万３５２５円。

実は近年、学生が就活にかける費用は年々減少しており、２０２０年度のこの平均額でも最低だった２０１９年度に次ぎ低い金額となっています。

就活費用のうち最も多くを占める「交通費」は、２０１９年度に引き続き6万２４０７円なのですが、企業から交通費の支給があった学生は79・６％あり、多くの学生が一定量の補助を企業から受けています。

また、２０１９年度は売り手市場であったことと１人あたりの応募先企業数が減ったこともあり、全体的には就活費用を抑えることにつながっています。

とはいえ、就活費用はアルバイトなどをして全額自分で都合をつけた人が41・9％いることを考えると、最も費用のかかる交通費は特に節約をしたいところです。

そんな中、就活のオンライン化によって、今まで手薄になりがちだった「地方の学生の採用」、「首都圏の企業への就職」も移動することなく、アクセスしやすくなりました。

まさに地方の学生にもチャンスが到来したのです。

他にも録画配信型のＷＥＢセミナーや説明会を活用することで、自分の好きな時間に企業研究ができたり、どこにいても気軽に説明会へ参加でき、質問も専用フォームなどが用意されているので参加がしやすくなりました。

理系学生にとっては研究室で行われる実験などの「時間的拘束」との兼ね合いもあるので、オンラインで企業情報を得られる機会が増えたことは、希望する仕事の選択幅を広げることにプラスに働いています。

## 「地方に就職」という新たな選択肢が誕生

新型コロナウイルスの影響でリモートワーク（在宅勤務）が普及し、業務内容によっては、オンラインで業務が完結するのなら、都市部で働く必要はなく、地方へ移住して働き続けるという選択肢も生まれてきました。これは就活生にとっても同じです。

地方への就職というと地元へのＵターンを思い浮かべる人が多いのですが、最近では若くて給料が少ない間は家賃が安い地方で過ごしてお金を貯めたいという希望があったり、豊かな自然や大地の中で仕事だけでなく自分の趣味を充実させたりすることを求め、都市圏からのＩターン（出身地とは違う地方に移住して働くこと）やＪターン（故郷に近い地域へ移住して働くこと）を希望する学生も増えています。

このような時に役立つのが、厚生労働省が委託事業として行っている「ＬＯ活プロジェクト」（https://local-syukatsu.mhlw.go.jp/）です。このプロジェクトでは、「地方で見つける！　自分らしい生き方、働き方」をキャッチフレーズに様々な地方と若者をつなぐ情報を提供しています。

ＷＥＢサイトでは、ＬＯ活事務局が主催する都道府県別のセミナー・イベントや就活支援情報、企業の紹介、働き方の紹介、地方就職を考える上で参考となる連載やコラム、地方就活に役立つトピックスなどが掲載され、利用登録をすれば、無料でＷＥＢ会議アプリの「Ｚｏｏｍ」を利用したプロの相談員との個別相談サービスを受けることが可能です。

## 留学先からも就活が可能に

私はこれまでの就活事情の中では、留学をしたいと考えている学生に対し、「冬のインターンシップがだいたい3年生の12月ぐらいから始まるから、11月ぐらいまでには日本に戻ってきたいよね」と言ってきました。

ただ、交換留学などは期間が決まっているのでなかなかうまく合いません。

せっかくグローバルでも活躍できるチャンスをつくろうと努力をしているのに、日本の就職のことを考えて留学期間を短くしてしまうのは、本末転倒とも言えますよね。

でも、安心してください。損害保険業界大手の「損害保険ジャパン株式会社（損保ジャパン）」は２０２０年の内定までのすべての新卒採用試験をオンラインで行いました。

また、自動車業界大手の「トヨタ自動車株式会社（トヨタ）」も同じくすべてがオンラインでの選考でした。

付加価値や国際競争力をつけるため、企業側も世界で活躍できる人材の確保に力を入れています。

このようにオンラインを活用して、海外や地方に住む学生の応募を促していくことは企業にとってもメリットであることが明らかになったので、今後ますますオンライン就活の流れは加速していくことでしょう。

## オンライン就活の流れはさらに加速する

学生向け就職支援サービス「ｐａｉｚａ新卒」を展開するｐａｉｚａ株式会社は、２０２０年3月30日から4月9日にかけて自社のサービスを利用している企業（有効回答数97社）を対象に「新型コロナウイルス感染症の採用活動への影響と、オンライン選考についてのアンケート」を実施しました。

この調査報告の中で「オンライン選考（説明会含む）を実施している」と回答した企業

は66％あり、オンライン選考を実施する企業のうち、45％は「最終面接まですべてオンラインで実施」と回答しました。

2020年度の新卒採用を予定している実際の企業数は、2020年3月1日のナビサイトオープン時点でリクナビ2021の掲載社数が2万3952件あり、マイナビ2021の掲載社数も2万5104件ありましたから、少なくとも3万2000件以上の企業がオンライン選考を導入していると予測することができます。

現場で直接学生を支援している私の感覚も同じく7割程度なので、学生はなんらかの形でオンラインによる選考を受けていることは明らかです。

特に説明会は100％近くがWEBに切り替わったという話を確認していますので、今後もますますオンラインでの選考を導入する企業は増えていくことでしょう。

## 企業説明会もストレスフリーの時代へ

オンライン就活が就活生に対して革命をもたらしたところは「説明会」です。従来の説明会は、イベント的な要素が大きく、大学内や大きな会場に何十から何百という企業を集め、それぞれの学生が直接ブースを訪問する「合同企業説明会」という形で行われています。

一昔前は、企業側が買い手市場であったことと、今よりも学生の人数が多かったこと、大学構内を使った企業説明会だと大学の規模の大小によりバラつきが生まれてしまうこともあり、学生は企業が用意した会場へ訪問して説明を受けるスタイルが主流で、会場のスペースも限られていたことから、説明会の予約を取るのも必死の状態でした。

それが今では、少子化による人口減少により学生の人数も減ったので、わざわざ会場を用意したり、大きなイベントに参加して費用をかけるよりも、自社で採用実績のある各大学に採用担当者がこまめに訪問して応募を促したり、学内で説明会を行うほうがコスパがよいので現在はこちらが主流になっています。

ただ、資金や体力のある企業は1人でも多くの学生と会う機会をつくり、積極的な採用を行いたいので、大学外の大きな会場での「合同企業説明会」への参加を積極的に行っています。

大きな会場での「合同企業説明会」において、参加企業は説明を複数回に分けて行うのですが、人気の高い企業となると学生はそれを聞くための順番を取るために並ばざるを得ず、1回の説明には入場制限がしかれ、それを何回も待ったあげくやっと聞けるといった事実もあり、とても時間効率が悪い状態というのが当たり前となっています。

ただ、そういった中でも機転が利いて立ち回れる学生は、せっかく来たのだから何か情報を得ようと、さほど興味はないけれど比較的すいているブースへ座ってみて、「あれ、案外面白いぞ」と業界への興味の幅を広げる偶然の出会いを得ています。

オンライン就活の最大のメリットは、「企業説明会」がWEB上での企業説明会となっており、ネットがつながる環境であれば、どこからでも参加が可能であり、それぞれの企業ブースへの待ち時間がゼロになったことです。

しかも、自分の好きな場所で必要な数だけ、自分が狙っているところだけの説明を聞くことができ、とても時間効率のよい立ち回りをすることができます。

WEBでの企業説明会に参加する多くの企業は自社説明用の動画を用意しており、より分かりやすく自社のことを知ってもらおうと様々な工夫をこらしています。

## ＷＥＢ企業説明会の２つのタイプ

ＷＥＢ企業説明会とは、スマホやパソコンなどを使って好きなところから視聴ができるオンライン上の会社説明会のことです。

いまや１人１台の勢いであるスマホの普及により、あらゆる企業情報を瞬時に集めることが可能となったため、学生はその企業の口コミや平均年収、風土、入社３年後の離職率などの情報を比較的簡単にネットから手に入れることができます。

その一方で、ネット上に存在する、いわゆる「まとめサイト」にはその会社に対しての事実ではない書き込みも多数存在しています。

それらの情報の中には、その企業を退社した社員が個人的な感情を持って書き込みを行っているというケースも多く、他人の手によってまとめられたＷＥＢサイトには何が真実で何が嘘なのかわからない情報が混在しているため、就活生は慎重に判断したほうがよいでしょう。

こういう時に頼りにしたいのが、ＷＥＢ企業説明会です。

ＷＥＢ企業説明会にはオンタイムで行う「ライブ配信型」と見逃しても後から見ることができる「録画配信型」があり、それぞれの特徴があるので紹介していきます。

## 「ライブ配信型」ＷＥＢ企業説明会

「ライブ配信型」ＷＥＢ企業説明会はリアルタイムに行われる説明会です。

この説明会では、企業側も学生側もカメラとマイクをオンにして、双方向通信によるコミュニケーションを取る場合があります。

気になった時に質問をすることもできる説明会で、中には、カメラやマイクは必要なく「チャット機能」だけを使って質問を集約し、後から全部の質問に答えてくれるという形式もあります。

時にはリアルタイムならではのハプニングがあったりするので、そこの会社の意外な一面を知ることができたり、採用担当の人間らしさが見られたりとライブ感が味わえる説明会です。

疑問が出たらすぐに質問して、回答がもらえますし、その相手は企業の人事担当だけでなく若手社員だったり、プロのコーチだったりとバラエティー豊かな人材を用意している場合もあるので、そういった方々からの有益な指導を直接受けとれる貴重な機会と言っても過言ではありません。

## 「録画配信型」WEB企業説明会

「録画配信型」WEB企業説明会は、担当者があらかじめ用意し、録画しておいた説明をネット上で好きな時間に自由に見ることができる説明会です。就活生はネット上で自由に自分の好きな時間に視聴することができるので、時間効率もよく、YouTubeなどを使用しているので、分からなかったり、聞き逃したりしたところはもう一度繰り返して動画を再生すれば、きちんと理解することができます。

録画配信型は制作する側も様々な準備ができるので、とても魅力的な内容に仕上がっていることも多く、企業イメージを感じ取ることが可能です。

また、「録画配信型」WEB企業説明会では、スーツを着たり、メイクをする必要もありませんし、ビデオやマイクも使わず音声だけを聞くという参加の仕方も可能です。

一方で、説明は一方的に展開されるので、時には自分が知りたい内容とは違う話を聞く必要があったり、どうしても受け身になってしまったり、内容が物足りなく感じてしまうこともしばしばあるのが特徴です。

また、質問はリアルタイムではないので、回答を受けとるまでに時間がかかる場合もあります。

## 学生たちは、何を見て、どう感じたか

### メリットがあると感じた学生

・地方なので交通費もかからず、参加しやすい
・周りの目を気にせず、参加できるのがいい
・チャットだと質問する時に周りからの注目を浴びなくて済むからやりやすい
・大学の授業もオンライン化されていて、授業同士が詰まっているので、録画配信型だとスキマ時間に見ることができる
・自分が慣れている自宅からの参加だとリラックスできる
・参加の場所を選ばないから帰省していても離れた企業の選考が受けられる

**デメリットがあると感じた学生**

・画面越しなので対面より雰囲気がつかみにくい
・説明会ぐらいならオンラインでもよいが、最終面接だとうまく自分のことが伝えられるかどうか不安になる
・その時の通信環境によって伝わり方が違う
・家を拠点として就活をしていると親に就活状況を知られて煩わしい
・説明を担当する人の声が小さかったり、使用する資料の画質が悪くて見えづらい時がある
・対象者の設定がはっきりしておらず、誰でも知っているような説明に時間を使っている企業がある
・働き始めたら対面で仕事をするのに、1回も対面で会ったことがない状態でよいのかと疑問に思う

## オンライン就活特有の「落とし穴」とは

オンライン就活は、対面の就活と違い、画面に映らない部分の情報は受け取れません。これは就活生にとって、映したくないものを映さないという都合のよさでもありますが、採用側にとっても同じで、「映したくないものは映さない」という選択肢につながっています。

結果、オンライン就活ならではの学生の不安も生まれているので、いくつかご紹介していきましょう。

・面接官の手元が画面に映らないので、何かメモをしている雰囲気は感じ取れるが、動いている時とそうでない時の境目がわからないので、とにかく不安
・集団面接やグループディスカッション、グループワークなどの複数人で同時に何かをする選考では、全員の顔が見えている安心感はあるが、ネットの環境が悪い人がいると音声や映像がズレてしまってタイミングが取りづらい

・最終面接に複数の面接官がいても、質問する人しか画面に映らないので、他の面接官の反応が伝わってこず、不安になる
・応募先企業への訪問の機会が減るので、それだけ実際に働いている方との接触機会も少なくなり、職場の雰囲気がつかみにくい
・リアル会場での合同企業説明会では希望業界が決まっていなくてもブースに集まっている就活生の人数で、人気のあるなしがある程度わかるが、オンラインではどの企業にどれぐらいの人気が集まっているのかわかりにくいので、微妙な人気やトレンドも含めて判断がつきにくい
・自分から「この企業！」と決めて探しに行かないと出会いがない
・就活中に知り合う他校の学生との情報交換ができない

確かに、オンライン就活には特有の落とし穴が存在します。ただ、これらの「落とし穴」についても対処法を後述しますので、ご安心くださいね。

# 「カメラ目線の使い方」が合否のわかれ目になる

オンライン就活の必勝法は、ズバリ「カメラ目線の使い分け」です。

対面の面接では、面接官の表情を確認しながら話すことが可能ですし、学生は全身（非言語）を使ってアピールすることができます。

しかし、オンラインでは面接官を映す映像と自分を映す映像が、パソコン上で画面の上下に並んだり、左右に並んだり、どちらかが小さく映ったりするため、面接官の表情の変化に注目したくても、相手のＷＥＢカメラをこちらから操作できるわけではないので、結果として、画面のさらに小さな一部分で、かつ、面接官を全体像でしか捉えることができません。

また、学生は対面の面接のように全身を使ってアピールすることが難しく、自分の真剣さを表すには自分の目線をカメラに向けた時だけが頼りになります。

カメラ目線とは極端に言うと、カメラを「ガン見する」ということになりますが、自分の言うことを理解してもらうためにも、ここはテレビ局のアナウンサーのように、緩急をつけてしっかりと効果的に目線を合わせたり、外したりという練習をして臨みましょう。

**超カンタン！　オンライン目線エクササイズ**

1．ＷＥＢカメラは自分の目線の高さと合わせるか、少し上から自分を映すように調節しておく
2．ＷＥＢカメラの少し下にカメラ位置を示す小さなシールを貼って目印にする
3．力を入れて話したいところは顔がこわばらないように気をつけて、シールより少し下の位置に目線を移してからＷＥＢカメラへと目線を移し、言葉だけでなく目でも訴えられるようにする

真剣に報道するニュースキャスターの表情を思い浮かべてみると納得ですよね。

カメラを下から映すと面接官に上から目線の印象を与えてしまうので注意が必要です。

また、カメラ目線で真剣に訴えかけることで、あなた自身の気持ちを面接官に強く印象づけることも可能です。実際に「面接時の発言内容と表情が印象に残った」と内定時に採用担当から言われた先輩もいますので、ぜひ練習して習得を心がけてください。

# 対面とオンラインに共通する面接の心得

「はじめに」でも少し触れましたが、面接がオンラインに変わったとしても、「人が人を選ぶ」のが面接ですし、採用選考です。「この人に来てほしい！」と思ってもらえるように努めるところは基本的に変わりがありません。

ただ、対面面接とオンライン面接では特徴と仕組みが違うので、それらを踏まえた対策が必要となります。まずは共通する対策について解説していきましょう。

## 笑顔は最強のキラーカード

笑顔がよく出る応募者は、「明るい」と思われ印象がいいばかりでなく、リラックスできていて気持ちにも余裕のある回答ができていると思ってもらいやすい傾向があります。

極端に焦っていたり、顔がこわばりすぎたりしていると、自社の社員として採用した場合、「お客様や他の社員の前でも同じ表情で対応してしまうのではないか」と心配になってしまいます。

自分にとって志望度が高い企業になるほど真剣になって気づいたら眉間にずっとシワが入っていたという話もあります。印象を大切にしましょう。

## ダラダラ話は「判断材料不足」で不採用

面接官の中には、「ビジネスでの会話は結論から話すものだ」と言われて仕事をしてきた人が少なくありません。手作業の多かったかつての時代では、結論から話してもらうほうが時間を奪われなくて済みますし、ゴールが先に分かりますから逆算して効率よく仕事を行うことができるので重宝されてきました。

そして、結論から話してもらうと話の内容が簡潔になりやすいので、面接官にとっても面接時間がコントロールしやすくなり、好都合なのです。

面接では、ダラダラといつまでも話す「積み重ね式」で話しても、「はい、そこまで」と面接官があなたの話を途中で切ってしまうことは、普通は印象が悪くなるのでやりません。

しかし、面接時間には限りがあるので、あなたがダラダラと話してしまうと面接官は用意していた質問のすべてをあなたに投げかけることができなくなり、結果的に「判断材料不足」となって、採用に至らなかったという例もあります。

## スラスラ話す人が意外と評価が低い理由

面接官にとっての好印象は「一生懸命自分の言葉で話そうとしている姿勢」です。「人が人を選ぶ」のですから感情面も含めた「人間らしさ」を入れて評価がされます。言われたままの作業を行う人を探しているのではなく、自社のために考えて協力してくれる人を面接では探しているのです。

職場には色々な個性を持った人がいます。むしろ色々なタイプの社員がいることで、様々な危機にアイデアが出て乗り切っていくことができるのです。

職場に似たような特徴を持った人しかいなかったら、多様なお客様のニーズや気持ちに応えることができなくなってしまいます。

よって、面接ではスラスラ話す人より、「自分らしさ」をしっかり出した人のほうが評価されやすいことを認識しておきましょう。

## 面接官が気にする「温度差」とは

学生と面接練習をしていると、覚えてきたことを話している時と考えながら話している時に「温度差」を感じることがあります。この温度差というのは、端的に言うと「話し方の違い」です。

多くの場合、覚えてきたことを話そうとした時は、たくさんのことを伝えたいからなのか、早口になったり、抑揚がハッキリついていたりします。

一方で、考えながら話している時は、ところどころ詰まったり、語尾が小さくなって自信がない様子が出ていたりと明らかな違いが出てきます。

面接ではスラスラ言えるほうがよいという先入観を持っている学生は、もっとスラスラ言えるようにと覚えていくことを増やそうとしますが、面接官は「本音を言わず、虚像で固めている」と判断し、余計に難しい質問を投げかけてくる場合もあります。

大切なのは温度差をなくすこと。百戦錬磨の面接官にあたった時のことを想定して、考えながら話している時の自分を基準に設定し、スラスラと話している自分の状態をそちらのほうへ寄せていく練習をあらかじめしておきましょう。

## 志望動機や自己PRから始まる面接は「ほぼ皆無」

面接の最初はアイスブレイクといって、リラックスしてもらう質問からはじめようとする面接官がほとんどです。

対面での面接なら「外は雨降っていた？」、「ここの場所はすぐにわかった？」、オンラインでの面接なら「つながりましたね。私の声が聞こえていますか？」、「〇〇さんですね。本日面接を担当する△△です。よろしくお願いします」などと誰でも答えられる質問や挨拶を投げかけ、応募者の今の状態を把握した上で面接を始めていきます。

推薦での入試を経験した人は入試の時の面接を基準にして考えてしまう場合があります。採用面接での面接官は「いかに本音で話してもらえるか」ということに気をつかっていますので、自分のほうに気持ちを向けすぎず、まずは面接官の話すことに心と耳を傾けましょう。

## 事前の準備は「心の余裕」を作るため

面接試験に臨む時、ある程度回答を用意していくことは当然のことです。スポーツでも何でもそうですが、どんなことが起こってもベストな状態でパフォーマンスを発揮できるように、みんな練習をして本番へと臨みます。

面接試験の時にすべての回答をその場で考えていると、どの質問に対しても必死で答えることとなり、だんだんと気持ちに余裕がなくなっていきます。

就活生がみんな模擬面接といった練習をするのは、本番の試験の時の自分に余裕をもたせるためなのです。

大切なのは困った質問をされた時に考えられる「心の余裕」をつくっておくこと。覚えてきたことを発表するのが面接ではないことを認識しておきましょう。

## 面接官が厳しく突っ込むのは「興味あり」のサイン

「面接は突っ込まれるために行くもの」

私が学生に対してよく言っている言葉です。面接を終えて帰ってきた学生が「もう、めちゃくちゃ突っ込まれました」と言った時、私は2つの可能性を考えています。

それは、「言っていることが伝わらなかった」もしくは、「興味を持ってもらえた」のどちらかだということです。

前者の場合は、もっと面接官に届く伝え方と内容を強化する必要がありますが、後者の場合は、「次の段階に進むぞ」と安心できます。

面接時に突っ込まれるというのは、「はっきりしないことをそのままにしたくない」という面接官の心の表れです。特にボーダーライン上にいる応募者に対して多くの質問を投げかけてきます。

十分な面接練習をした上で、突っ込まれた時には「チャンス」だと思ってください。あなたへの興味を持ってくれているサインです。

## 面接で採用担当者が一番知りたいこと

対面面接でもオンライン面接でもそうですが、書類選考を突破したら選考は次の段階へと進んでいます。

面接試験では、すでにあなたの書類がエントリーシートとして届いていて書類審査は突破した上で面接しているので、そこに書いてあることを聞いてもあまり意味はありません。

ですから多くの場合、面接ではエントリーシートには書いていないことについて質問という形で聞くのです。面接官はエントリーシートにまとめてあることを理解しながら、気になったところを明確化するためにあなたへ質問をしてくるのです。

面接官は質問をすることであなたの価値観を共有しようとします。そして、話していることが共有できて、共感できるとなると選考は次の段階へと進みます。

選考は「具体的な部分で価値観が共有でき、共感できれば採用になる」と、実はいたってシンプルなのです。

## 「圧迫面接」より笑顔の面接官こそ恐れよ

何度も同じような質問を繰り返す面接官は、本当にあなたの言っていることが伝わっていないのか、困らせようと圧迫しているか、上司からの命令でその「役」を演じているかのどれかです。

圧迫面接は、「ストレス耐性を見る」という役割もあるのですが、最近の面接では「応募者が言いたいことを言えずに終わると双方の納得がいかない」という残念な結果を避けるため、応募者にはたくさん話してもらおうと努める面接官が増えています。

また、面接時にいわゆる「塩対応」をする面接官は、少なからず自分の態度がＳＮＳへの書き込みを促し、それが会社の評価を下げてしまうということを分かっていない可能性があります。

人材が豊富で応募者に困らないという業界や企業はあまり意識しなくてもいいのですが、なかなか選考に人が集まってくれないという企業は書き込まれた評判や口コミが経営の足かせになってしまうこともあります。

よい面接官とは、応募者の発言に対して、「何を言っても笑顔で対応してくれて、言いたいことを全部言わせてくれて、しっかりと自分のことを受けとめてくれる」という面接官です。このような面接官だと応募者は全力を出しやすく、たとえ落とされたとしても全力を出し切っているので、選考に対して満足感を得ることができます。

そして、面接の振り返りを行うことで、自分の実力不足であったところを再度強化することができ、応募者に成長を与えてくれるという効果ももたらします。

ただ、いくら話しやすいからといって気が緩むと、企業のＮＧワードを無意識に言っているなんてこともありますので気をつけましょう。

## 話のスピードはあくまで相手に合わせる

誰しも話す時には一定のテンポやリズムがあります。

これは面接官も一緒で、応募者が頑なに自分とは違うペースで話そうとしていたら、無意識のうちに「こっちには合わせてくれないんだ、合わせる気はないのかな」とあなたに対してコミュニケーション能力不足を感じるだけでなく、心が離れていくもとになってしまいます。

繰り返しにはなりますが、面接とは「人が人を決めるもの」。面接官が行う配慮に気づかないまま進めていくより、お互いを気遣いながら進められるほうが結果的にうまくいくことがほとんどです。

## オンライン面接だからこその6つの新ルール

### ①最初のあいさつが面接の明暗をわける

WEB面接には、ノックして扉を開けて……というような入退室がないので、あなたの第一印象はオンラインでつながったその瞬間に交わされる「最初の挨拶」となります。時間帯を考えて、「おはようございます」、「こんにちは」など応募者のほうからさわやかな声がけをするよう心がけましょう。

冒頭では名前の確認もあります。これも挨拶と同時に応募者から名乗るようにしましょう。

## ②たどたどしくてもしっかり自分を伝える

ＷＥＢ面接では応募者の不慣れも考慮して、対面面接よりも少し長めの時間をとっていることがほとんどです。

「対面だったら伝えられるのに」という残念な状態を少しでも減らすための手段が今のところ時間を長めに設定するということぐらいしかできていないのが現状ですが、応募者は時間を逆に有効活用し、伝わるように精一杯努めましょう。

## ③状況説明はコンパクトにする

学生時代に力を入れたことや自己ＰＲなどの定番質問は、ダラダラと長くならないよう、対面での面接よりもコンパクトに話せるように心がけたいものです。

オンライン面接ではジェスチャーを使って面接官にアピールすることが難しく、面接官があなたを見るのは画面に映る範囲のみのため、どうしても単調になりやすく、集中力が途切れがちとなります。

状況説明はできるだけ短めにして、エピソードを話す時は登場人物が自分を入れて３人ぐらいまでとなるエピソードを探して話すようにしましょう。

### ④いつもよりゆっくり「間」を空けて話す

パソコンやスマホ、Ｗｉ－Ｆｉの環境にもよりますが、オンライン面接では回線の状態から映像や音声にタイムラグが生じる場合があります。応募者側からは問題なく見えていたり、聞こえていたりしていても、採用担当のほうにはタイムラグが生じている場合もあります。

面接官と話が何回も被って変な空気にならないように、いつもよりゆっくりと間を空けて話すように心がけましょう。

### ⑤自分の手の位置に気をつける

かたくなって話せないようなら話せたほうがいいと、面接中に手を動かして話すことは、あまり気にしない企業が多くなってきました。

ただ、自分の手がカメラに近すぎると手と顔の大きさのバランスが極端になる場合があります。

カメラと自分の距離感を考えて、事前にどのように映るのかをリハーサルしておくよう心がけましょう。

## ⑥令和の就活は「自分らしさ」が求められている

オンライン就活時代を迎え、地方にいても海外にいてもどこからでも就活に参加できるようになりました。

その半面、「画一的な体験ではなく、個人が得てきた体験がどのように企業の中に活かせるのか」といったことを最近の採用試験は求めるようになってきたと思います。

学生時代はただやみくもに何でも経験すればいいという「昭和の就活」が終わり、短期留学や自転車で日本一周などのちょっと変わった体験が重宝された「平成の就活」も終わり、その体験に自分らしさを問う「令和の就活」が始まっています。

自分らしさとは、「その体験が自分にとってどんな意味づけがされているのか」ということ。情報が溢れ、目標達成のために必要な手段が豊富ですぐに見つかる環境の整った令和時代に求められるのは、「何を目的としてその体験をしようと考えたのかという自分なりの意味づけ」です。

例えば、自分の好きなブランドの服を着たいと思ったら、それを着ることで自分はどうなりたいのかという「意味づけ」が生まれます。自分の行動に自分なりの意味づけがされるとそれはその人を象徴する個性となり、やがてはその人の「自分らしさ」へとつながっていきます。

政府が目指す「人生100年時代構想」には1億総活躍社会の実現やいくつになっても学び直しができ、新しいことにチャレンジできる社会をつくるという項目があります。

従来のように何ができるのかだけでは収まらず、自分はこれからどう生きたいのかを求める就活がもう始まっています。

## コロナ時代の新しい生き方・働き方

2008年に起こった「リーマン・ショック」は世界的な株価下落、金融不安（危機）という同時不況をもたらし、日本経済にも大打撃を与えました。この時は失業者が増え、金融危機が約2年続いた後に企業が淘汰され、雇用と賃金と消費の回復までに4～5年がかかりました。

今回の全世界的な新型コロナウイルスの流行は、健全な経済状況下で発生したウイルスによる経済への打撃であり、政府が感染防止のために人々の行動に制限を加えたことで需要が大幅に減少し、その結果、消費の縮小が大きく進みました。

これからの日本は、どのように消費を伸ばしていくのかが経済活性化の鍵となります。中小企業庁が発表した『2019年版　中小企業白書』によると、日本の中小企業・小規模事業者は全企業数の99％を占め、雇用の約7割を占めています。まさに日本経済の基盤を支えているのは、中小企業です。

今回、新型コロナウイルスの影響で倒産となった企業もありますが、影響を受けていない企業や大企業より小回りが利く利点を活かし、業種の転換をはかった企業も存在します。また、「新しい生活様式」によって活性化された「デリバリー注文」や「キッチンカーの利用」、自炊による「食へのこだわり」、オンラインを活用した「場所を選ばない働き方」などに応えるために新たな市場へチャレンジするというビジネスチャンスも生まれています。

会社に所属し、与えられたことだけをこなす人生よりも「自分の好きなことで働くということ自体を楽しみたい」という人にとっては中小企業を見ることがおすすめです。

最後にＷｉｔｈコロナ、Ａｆｔｅｒコロナ時代の就活展望を述べたいと思いますが、このまま新型コロナウイルスがなくならないうちはソーシャルディスタンスを考えた経済活動をせざるを得ないので、オンラインでのエントリーシート提出やオンライン面接を中心とした選考が続くと予想されます。

ただ、私たち就職支援をする側も先行きが正確にはわからないので、恒常的な人材不足に陥っている業界だけは通年採用にならざるを得ないだろうと予測はしています。

# 2章

# オンライン面接にはツボがある

２０２０年、新型コロナウイルスをきっかけに劇的に増えたオンラインでの面接。普段はＳＮＳや電話などの通話、ＷＥＢサイトの閲覧ぐらいにしか使わなかった自分のパソコンやスマホが、ＷＥＢカメラとマイクを使ったオンライン面接のための「就活デバイス」へと変化しました。

普通なら対面でも緊張してしまう面接官との会話をパソコンやスマホの画面を見ながら行ったり、入学式以来、袖を通していないスーツを着てＷＥＢカメラの前に座ったり、会話に雑音が入ってはいけないと考えて、静かな場所を探してウロウロしたりと、従来と違う就活スタイルでの面接を受ける学生にとって、緊張と不安は計り知れないものがあります。

この章では、そんな緊張と不安だらけのオンライン面接を攻略し、面接官からの好印象・高評価を得られる方法をお伝えします。

# オンライン面接を突破する15のポイント～準備編～

## ①服装は通常の面接で使うスーツを着る

たとえ自宅からの面接であったとしても、採用選考であることに変わりはありません。本来ならば学生に面接会場へ来てもらって実施したい面接を、新型コロナウイルスなど社会情勢を考慮して、オンライン面接へと置き換えている会社もあります。

マナーとして、服装は面接会場へ行くことを意識した格好で面接に臨みましょう。多くの場合はリクルートスーツとなりますが、業種によっては「平服で」というものもあります。

迷った時はOBやOGに聞くか、大学の就職課へ相談して、希望企業・希望業種の過去の傾向はどうだったのかを聞くのも1つの手です。

また、画面に映らないからといって油断は禁物です。何かの拍子に立ち上がる可能性もゼロではありませんので、上下とも面接会場へ向かう格好に整えて面接を受けましょう。

## ②パソコンを使う場合でも手元にスマホを置いておく

デスクトップ型のパソコンまたはノートパソコンとスマホの両方が使える環境で面接を受ける場合には、できるだけパソコンの使用をおすすめします。

理由はパソコンのほうが画面が大きく、面接官の表情が捉えやすくなっているだけでなく、アプリの操作性もよくなっている場合が多いからです。

また、カメラ内蔵型のノートパソコンやモニターなら、下に台を置けばカメラ位置を確保しやすく、カメラを別に用意するのならパソコン画面の上部にＷＥＢカメラを設置して、少し高さを調節すればカメラ位置を整えることができます。

そして、手元のスマホは面接企業との緊急連絡用として使用し、ハウリングを防止するためにも、面接用に用意されたＵＲＬへは、パソコンとスマホの両方からつなぐことは控えるようにしましょう。

### ③応募先の緊急連絡先は必ず控えておく

どんなに自分自身の面接準備が万全にできていたとしても、近所で電話回線の工事など、自分では回避できない予期せぬトラブルが起こると、約束していた面接の時間に間に合わないこともあり得ます。

少なくとも面接５分前までには携帯電話を手元に用意しておき、面接を受ける応募先の連絡先電話番号と担当者の名前を確認しておきましょう。

先方と連絡を取る場合には、メールよりも電話のほうが担当者は緊急性が高いと判断してくれるので、つながりやすいでしょう。
緊急時はメールではなく、電話での連絡を心がけましょう。

### ④ネットワーク障害にも耐えられる場所で面接を受ける

マンションなどの集合住宅で、Ｗｉ－Ｆｉが共用の環境となっていたり、家族が同じ時間にリモートで仕事をしていたり、ゲームなどで複数人がインターネット回線を使用していたりすると、ネットワークへの接続が不安定になることがあります。

面接の最中にせっかくいいことを言っていても、１度回線が切断されてしまうと、接続のやり直しによって、それまでの面接の流れが妨げられたり、万が一復旧ができなくなった場合には、また後日に面接をリスケジュールするといった再調整が必要となってきます。

こうなってしまうと自分自身の就活のスケジュールも狂ってしまうばかりか、選考の順番も後回しになってしまうという可能性も否定できません。

オンラインでは映像も通信に使われるため、転送容量が思った以上にかかりますので、事前の注意が必要です。

もし、オンライン接続が不調になった場合の一時的な回避策として、その場でビデオをオフにしたり、ギガ不足（通信容量不足）に備えてスマホのオプションや料金プランを見直しておくとよいでしょう。

### ⑤周囲の雑音が入らない場所を選ぶ

デバイスの小型化や軽量化に伴い、最近のマイクは高性能になっており、わずかな物音でも拾いやすくなっています。テレビやラジオなどの音が出る機器以外にも、洗濯機や冷蔵庫などの生活音は面接時に沈黙があると案外伝わるものです。自宅に有線の電話があると面接時に突然鳴ってしまったり、宅配業者や郵便局員がインターホンを鳴らしたりと、普段あまり起こらないと思っている事態が不意に起こったりします。

自分の将来を決める大切な面接の時に電話や来客で中断なんてことになると、調子が狂ってしまうかもしれません。

もし、できるなら有線の電話は配線元のモジュラージャックを外しておき、家のインターホンは音が出ないよう音量をゼロにしておきましょう。

### ⑥スマホやパソコンの通知はＯＦＦにしておく

気をつけたいのは生活音だけではありません。

ＬＩＮＥなどのＳＮＳの通知が来て音が鳴ったり、面接で使っているスマホに電話がかかってきたりと思わぬ時に予期せぬ事態は起こるものです。

「たぶん大丈夫だろう」とスマホをマナーモード（サイレントの状態）にしていても、Ｗｉ－Ｆｉにつながった状態で机の上に置いておけば、ブルブルと震える振動音が響きます。

さらに、機内モードに設定しておいても、誤ってアラーム（目覚まし）を設定していた場合、時間になれば音が鳴ったり、バイブが振動してしまうこともあります。

パソコンの場合、初期設定の段階で起動音やシステムエラー音、メール着信などの際にシステム音が鳴るよう設定されているものもあります。

普段からミュートにしているからと安心せず、面接でスピーカーを使う場合は事前にチェックをしておきましょう。

## ⑦背景（部屋）をきれいにしておく

面接を受ける前には必ずリハーサルを行うことを強くおすすめします。

自分を映すＷＥＢカメラは、案外広い範囲で部屋を映します。面接が始まった時に積み重ねられた服やハンガーに下げてある服などが映りこんだりしては、事前準備ができない人と思われかねません。

そして、案外盲点なのが部屋の壁です。普段、床は掃除機などできれいにすることが多いものですが、壁の拭き掃除は怠りがちです。

汚れが目立つようなら水拭きをしてきれいにしておきましょう。

## ⑧部屋を明るくする

通常の面接でもオンライン面接でも「見た目」の重要性に変わりはありません。

もし、WEBカメラを通して、顔の片側にだけ窓の光が当たって明るくなっていたり、後ろから照明が当たって顔が暗く映ったりしていては、せっかくいい表情をしていても、印象を悪くすることがあります。

生き生きとした表情で印象をアップさせるためにも、顔の正面から照明が当たるように調整をしたいところです。

明るさが足りない時には、ホームセンターなどで勉強用に使うスタンドライトを購入し、スポットライトとして使用してもよいでしょう。

## ⑨スマホは手で持たず、固定しておく

前述でスマホではなく、パソコンを使うことをおすすめしましたが、パソコンを持っておらず、仕方なくスマホを使わざるを得ない場合もありますよね。

最初は20分程度と聞いていた面接時間も面接官の気持ちや話の盛り上がりによっては、30分から1時間と長くなることもよくある話です。手でスマホを持っていると、疲れて手が震え、画面がブレるだけでなく、体の動きが制限されるため、自分の思うような面接が展開できない可能性もあります。

そこでスマホスタンドを購入することをおすすめします。

１００円ショップでも買えますので、事前に準備しておきましょう。

## ⑩事前にスマホやパソコンのカメラ位置を調整しておく

オンライン面接は対面と違って、一方向からしか応募者の姿が映りません。このような理由から、使用するデバイスの特徴を把握し、最適な角度で自分の姿が映るように心がけたいものです。

基本的にカメラは自身の目の高さに合わせます。これは正面を向いている時に、対面と

同じく一番自然な印象を与えることができるからです。特にノートパソコンやスマホを使う場合は、事前にカメラ位置の高さを調節しておきましょう。

もし、高さが足りない場合には、100円ショップなどへ行くと箱型の小物入れなどが売っていますので、それらを台にして高さ調節をしておくとよいでしょう。

## ⑪自分のマイク音量を事前に確認しておく

面接が始まった時に自分の声が大きすぎたり、小さすぎたりすると、面接官の集中力が途切れ、面接官に自分が伝えたいと思った重要な部分が伝わりにくくなる場合があります。

そこで、自分の声をマイクがどれぐらい拾うのか、事前に音量のチェックはしておきたいものです。

ヘッドホンと一体型になっているマイクは、口元からの距離が変わらないので問題はないのですが、イヤホンと一体になったマイクは、コードの位置によって自分の口元との距離が変わってしまうため、音量にムラが起こりやすいです。

面接官の印象をよくするためにも事前のチェックは怠らないようにしましょう。

## ⑫イヤホンはワイヤレスではなく、有線を使う

面接時に使うイヤホンは、多少見栄えが悪くなりますが、周りの電波の影響を受けにくい有線のものを使用しましょう。

ワイヤレス（Ｂｌｕｅｔｏｏｔｈ®を含む）のイヤホンは他の機器の干渉を受けることでブツブツと途切れたり、充電していたはずなのに予想外のバッテリー切れを起こしたりすることがあるからです。

また、イヤホンはマイク付きでもいいですが、自身の声を聞き取りやすくするためにもマイクの感度や性能のよいものを選ぶことをおすすめします。

可能であればマイクとイヤホンは安定して接続ができるＵＳＢのものを使ったり、マイクはＵＳＢ接続にして、イヤホンはイヤホンジャックから有線でつなぐというように、別々に接続するのもおすすめです。

## ⑬スマホやパソコンの充電をしっかりとしておく

面接の途中でまさかのバッテリー切れということほど悲惨なことはありません。

面接時は電源をつないでおくか、十分にバッテリーが充電された状態であることを確か

めておきましょう。

また、ノートパソコンやスマホにはバッテリーの寿命があります。就職活動期間中は必須アイテムですので、使用年数に応じて、必要があれば、新しいものと交換したり、バッテリーのリフレッシュをしておきましょう。

## ⑭自分のメールアドレスなどのアカウントを見直す

応募先と連絡を取る場合に自分のメールアドレスに使われている文字をチェックしておくことをおすすめします。

例えば、メールアドレスに自分の好きな芸能人や付き合っている人の名前が入っていたり、好きな歌詞を入れてみたり、好きな日本語の文章をローマ字にしてみたり、顔文字で表現してみたり、英単語を使っているけどスペル（綴り）が間違っていたりすると、応募先の担当者に変な先入観を持たれてしまう場合があります。

応募先とのスムーズなやりとりを考えたら、大学で学籍に関連したメールアドレスを割り当てられている場合にはそれを使用するか、誰に見られても問題のないメールアドレスを用意して、それらを使いましょう。

## ⑮面接用のカンペを用意しておく

面接とは本来、自分の言葉で考えて話すものですが、オンラインでの面接は対面と違ってカメラに映らない場所があるので、そこにモノを置いて使用することができます。

例えば、本命である企業であるにも関わらず、スケジュールが過密で準備不足である場合には、カメラと同じ目線にカンペを用意して、それを見ながら答えるというワザが使えます。

ただ、このワザで注意したいのは、テレビのアナウンサーのようにずっと読んでばかりいると目線が一定方向に動いてしまい、原稿を読んでいることがバレてしまうということです。

また、すべての回答をカンペに頼ってしまうと、自分が用意していなかった質問の時に「しどろもどろ」になってしまったり、急に今までと違った不自然な態度になったりと温度差が出てしまうので注意しましょう。

## オンライン面接を突破する8つのポイント～本番編～

オンライン面接を受けるための準備が整ったら、今度は本番です。慌てることがないよう手順に沿って進めていきましょう。

### ①必ず5分前にはスタンバイをしておく

面接当日は応募先との約束時間から逆算し、すべての準備を5分前には完了させ、WEBカメラの前に笑顔で待機する。これがオンライン面接を受ける時の理想の姿です。

時には先方の都合で待機時間が長くなることがあります。そんな時に「今か今か」と始まる時間を気にすればするほど緊張感は高まってしまいます。

たとえ待つことがあったとしても、その時間は自分をリラックスさせるための時間にあて、緊張を乗り切れるようにしましょう。

オンライン面接の場合、先方とつながった時にすぐ反応できる状態を保っておく必要はありますが、自分のマイクとカメラをオフにしてしまえば発声練習をしたり、深呼吸をしたり、ストレッチなどをして待つことは可能です。
場数をこなす過程で自分なりのリラックス法を見つけましょう。

## ②最初にお礼と接続状況を確認する

オンライン面接でも通常の面接と同様、「おはようございます！」「こんにちは！」など第一声から元気でさわやかな挨拶ができると、好感を持ってもらえますし、第一印象もよくなります。

できれば挨拶の後には、「本日はお忙しい中、お時間をいただきありがとうございます！」などの面接官を気遣うお礼の言葉や、「○○大学、△△学部4年の□□と申します。本日はよろしくお願い致します」と自分の所属とフルネームを名乗るのが理想です。

また、オンライン面接ならではの気遣いとして、「私の声は大きすぎませんか？」など と接続状況を確認する発言をしましょう。

特に音量に関して確認をする理由としては、面接官側も聞こえてくる音量に対して準備はしているのですが、聞こえなかった時のために少し大きめに設定していることが多く、スピーカーやイヤホンから想像以上の大声が聞こえてくるとお互いにびっくりしてしまうからです。

音に関しては慎重に接続確認をしましょう。

### ③話す時は画面ではなくカメラを見る

パソコンやスマホの画面の中で話す面接官の目の位置に自分のWEBカメラが設置されていれば、面接官との目線をずらすことなく、目を見て会話することができるのですが、残念ながら今の技術ではそれは不可能なので、せめて自分が面接官に向かって話す時だけでもカメラ目線で話をしましょう。

これはテレビ番組の出演者とも同じことですが、相手がカメラ目線で話し続けてくれると自分だけのために話しかけてくれていると感じることができ、それが安心感につながっていきます。

話す時にはできれば笑顔をそえて、さわやかで好印象を目指した表情を心がけるとうまくいきます。

### ④リラックスしすぎないように注意する

最近の面接官の中には、応募者に対して言い残しがないよう親しげに話しかけてくれたり、「いつもの自分でいいよ」と安心させてくれる配慮を持った方が増えてきました。

これは、面接時の緊張で自分の言いたいことが言えなかったり、たとえ選考結果が悪かったとしても全力を出し切った結果、「自分はダメだったんだ」と思ってもらうことで、自社の印象をよく思ってもらおうという考え方も反映されています。

応募者にとっての話しやすい雰囲気は、採用側の作戦でもあるという冷静な面も持ちながら、言葉遣いや態度がリラックスしすぎないように注意したいところです。

## ⑤話す時はいつもより間を空ける

志望度が高い応募先ほど、たくさんの熱意を伝えたいものです。だからといって一方的に話しすぎるのは禁物です。

なぜなら、採用担当も最低限の質問事項を用意しているので、話し過ぎは自分自身の面接時間を奪うばかりでなく、選考の妨げとなってしまう場合があるからです。

また、オンライン面接だと自分の発言が面接官の発言と被ってしまったり、面接官の話に続きがあるのに自分の発言で面接官の話を中断させてしまうこともあり得ます。

加えて、通信環境の状態によっては相手の声が遅れたり、映像にタイムラグが生じることもあるので、発言は気持ちゆっくり目に、いつもより間を空けて、確実に発言内容が伝わるように心がけましょう。

### ⑥面接中にキーボードを打たないようにする

パソコンを使ったオンライン面接の場合、特にキーボードを使って入力する機会はないと思いますが、面接官によっては行った面接に対してのフィードバックをくれる場合があります。こうなると、その場でキーボードを使って記録しておきたくなるものですが、面接中はキーボード入力を控えましょう。

入力時のタイピング音は人によって大きさが違いますが、マイクは想像以上に音を拾います。

あなたの話に集中している面接官にとって、できれば余計な音は聞きたくないですし、気にしたくないものです。

どうしてもメモをとりたい場合は、面接官に「メモをとってもよろしいでしょうか？」と断ってから、ノートとペンを使って、手書きでメモをとりましょう。

## ⑦面接中は応募書類を見ないようにする

採用面接に慣れない間は不安があるため、提出書類を手元に置いておきたい気持ちはわかります。

でも、あなたから提出された書類は、あなたが一生懸命考えたり、色々と試行錯誤した末に提出されたものだと考えたいのが面接官の心理です。

当然のことながら提出された応募書類の作成過程は、あなたの中に記憶として残っており、関連したことを面接官から質問されたとしても、何でも答えられるはずだと思っています。

すでに触れたように、オンライン面接では、カメラに映らないようにすれば手元に自分が作成した書類を置いてもわかりません。

ただ、面接官はちょこちょことあなたの目線が下へと動くようであれば、「手元に何かあるな」とすぐに気づいてしまいます。直接注意されることはないと思いますが、面接官からの印象が悪くなるので提出した書類を見ることは控えたほうがよいでしょう。

## ⑧ 逆質問は必ず3つ用意する

最近の面接では、1次面接から「何か質問はありませんか?」といった「逆質問」が必ずと言っていいほどあります。

これは、各選考段階で応募者が「思っていたのと何か違う」といったミスマッチを防ぐ目的です。ミスマッチとは、就職先とあなたとの間に起こる相互理解不足のことを言います。

せっかく就職してもらっても、ミスマッチのまま働いていたとしたら、いつかは嫌になって気がつけば退職なんていうこともあり得ます。採用先にとって、1人でも人材を失うことは大きな損失となるので、できるだけ選考段階で誤解がないようにと最近の面接では逆質問が盛んに行われるようになってきました。

逆質問は、基本的には疑問に思ったことなら何でも聞いていいのですが、応募先がすでに公表していることを聞いてもお互いの時間がもったいないので、入社後のイメージや面接官がやりがいに感じている仕事など、「自分がその会社で働いていたらこんなことを気にするかもしれない」という内容をあらかじめまとめておき、質問するようにしましょう。

ただ、選考は複数回行われるので、回を重ねるごとにだんだんと聞くことがなくなってくる可能性があります。そのような場合でも逆質問は入社意欲を測る意味を含んでいるので、必ず質問をしましょう。

また、1つだけしか用意していないと「他には？」と聞かれた場合に詰まってしまいますので、必ず3つは用意しておきたいところです。

## オンライン面接のキモは「練習の仕方」にある

通常の対面で行う面接では、自分が会場へ出向いてからの開始となるので、準備としては服装や持ち物などに気をつけるぐらいで問題はないのですが、オンライン面接の場合には使用する機器の準備が必要です。

自分が使用するパソコンやスマホなどの使用機器は、面接が始まるという時に限ってトラブルが起こったり、実際にトラブルが起こってしまい、「どう対処したらいいか」と慌てていると、せっかく面接で話そうと頭の中に用意しておいた内容が真っ白になってしまうかもしれません。

こういったことが無いように、オンライン面接を受ける場合は、事前に何度か練習をしておきましょう。

練習は、自分が所属している大学の就職課（キャリアセンターなど）に問い合わせをし、オンライン面接の練習を希望していると伝えるといいのですが、もし自分の大学がオンライン面接の練習や相談を受けつけていない場合、学生のための就職情報サイト・マイナビ2021の「模擬面接シミュレーター」というサービスを活用してみるのも手です。気軽にいつでもどこでも模擬面接を体験することができます。もちろんマイナビ以外にも有料の就活塾などのサービスもありますが、まずはこちらを利用してみるとよいでしょう。

(https://job.mynavi.jp/conts/2021/mensetsu/index_v.html)

## 本番で差がつく面接練習の手順

### 初級編・まずは面接がイメージできるようにする

## ステップ1

前出の「模擬面接シミュレーター」の場合は、特に準備するものはありませんが、自分が所属している大学などへ模擬面接を申し込む場合には、まず大学が指定している履歴書や自己紹介書などがないかを確認して、あれば、それに記入を済ませ、なければ市販の履歴書を用意し、それぞれの項目に記入をしてから模擬面接の予約をしましょう。

もし、これらの書類が用意できない場合には、普段使っている自分のノートでも構わないので、「これまで大学で学んできたこと」、履修をしていれば「ゼミナールの内容」や「自分の学部に関する科目で力を入れたもの」、「学生時代に力を入れたこと」、「趣味」、そしてあれば「特技」、取得していれば「免許」や「資格」、さらには「自己ＰＲ」を書き出しましょう。

志望動機は応募先が決まっていれば用意したほうがよいのですが、決まっていない場合は必要ありません。

また、考えてみたけれど書けなかったという項目があっても構いません。当日の担当者に言えば、書けているところだけを使って模擬面接は進めてもらえるので心配はいりません。

なお、当日の模擬面接がスムーズに運ぶためには、それぞれの項目が２００文字以上書けているると会話が続きやすくなります。

## ステップ2

模擬面接当日になったら、面接の開始前に担当する方へ「今日は模擬面接が初めてなので、作ってきたものを読み上げる時がありますが、よろしいですか？」と事前に伝えておけば、事情を考慮した上で面接練習をしてくれます。

他にも、「今日は大学で学んできたことだけを見てもらうことはできますか？」や「学生時代に力を入れたことだけを見てもらうことはできますか？」など、特定項目だけを見てもらうような練習方法も効果的です。

大切なことは「オンラインに慣れることであって、うまく話すことではない」ということをしっかり理解しましょう。

## 中級編・自分が用意してきたものをしっかりと言えるようにする

### ステップ1

初級編でオンライン面接に慣れることができたら、初級編で作成した書類を提出できるレベルまで充実させ、少し本番の面接を意識した内容で模擬面接へ挑戦してみましょう。

特に「これまで大学で学んできたこと」や「ゼミナールの内容」、「自分の学部に関する科目で力を入れたもの」、「学生時代に力を入れたこと」、「自己ＰＲ」については、「何を」「どのように」「誰とやったのか」などの具体的な内容を盛り込んで、それぞれを４００文字以上で作成しておくと試験本番にも役立ちます。

もし、書類を自分ひとりで作ることが難しい場合は、大学の就職課の職員にお願いすれば、作成を手伝ってくれるので相談をしてみてください。

### ステップ2

模擬面接当日になったら、面接の開始前に担当する方へ「応募書類を作ってきたので、そこに載っている項目について質問してください。そして、その時の表情やうまく言えているかどうかを見てください」と伝えておけば、配慮をした面接練習をしてくれます。

もし、自分の中でもっとよい表現やエピソードを探したい場合には、担当してくれる方へ「面接が終わったら内容について相談したり、フィードバックをいただくことはできますか？」と事前に伝えましょう。

大切なことは「自分の伝えたいことがきちんと相手に伝わっているかどうかを確認する」ことであることを理解しましょう。

## 上級編：様々な質問に対応できるようにする

### ステップ1

中級編で自分の応募書類の内容について表情豊かに話すことができるようになったら、他の質問事項にも答えられるよう回答の準備をしましょう。

例えば、「1分程度で自己紹介をしてください」や「あなたを動物に例えると」、「あなたの強み」、「克服したい短所や弱点」、「一番の挫折経験」、「最近関心を持ったこと」、「友人からどんな人だと思われているか」、「リーダーシップ経験の有無」、「あなたが学生時代に挑戦したこと」、「今まででもっとも打ち込めたこと」、「今までにどのような困難があって、それをどのように克服したのか」など、面接官からの質問にはたくさんのバリエーシヨンがあります。

多くの質問はあなたの人間性や行動特性をはかるものなので、いい回答や気に入られそうな回答を探すのではなく、自分自身に問いかけて自分らしい回答を探しておきましょう。もし、自分で回答を作りにくい場合は、ここでも大学の就職課の職員にお願いすれば、作成を手伝ってくれるので相談をしてみてください。

### ステップ2

模擬面接当日になったら、面接の開始前に担当する方へ「まだ、応募先は決まっていないので志望動機に関することは言えませんが、応募書類は作ってきたので色々な質問を交ぜて模擬面接をしてください。そして、もっとよくなるようにフィードバックをしてください」と伝えておけば、配慮をした面接練習をしてくれます。

模擬面接の担当者が投げかけてくる様々な質問の中には、自分が用意したもの以外の質問ももちろん含まれます。

もし、そのような質問が来た場合には、「少しお時間をいただけますか?」と言い、しっかりと考えてから回答しましょう。

面接を受ける応募者の中には、何でも即答できるほうがいいと思っている人もいますが、質問の内容によっては考える時間が必要なものもあります。

大切なことは「どこかから引っ張ってきたよさそうな回答ではなく、自分で言葉を考え、社会人としての立場をわきまえつつ、自分らしさを大切にした回答ができているか」であることを理解しましょう。

そして、自分らしい面接への回答ができるようになり、応募先も決まってきたら、逆質問の練習も加えて複数回の模擬面接を行っていきましょう。

## 時代が変わっても変わらない面接の絶対法則

ここまでオンライン面接のコツを中心にお話ししてきましたが、ここからは通常の面接についてもアドバイスをしたいと思います。

そもそも面接は、何のためにその会社で働くのかを明確にし、あなたのこれまでの行動特性を通して採用側が期待できる応募者であるのかどうかを判断するために行います。

このことから考えると、オンライン面接であっても対面面接であっても変わらない面接の基本というものが存在しますので、紹介していきます。

## 自己PRには具体的なエピソードが欠かせない

まわりくどい表現で説明をされるよりも具体的なエピソードから自分の特徴を語られると、どうしても面接官は真剣に聞きたくなります。

そのため、面接官へしっかりと届くようにするためには、エピソードでは登場人物を最小限におさえ、それぞれの人が実際に言った会話文をそのまま活かして伝えましょう。

**自己PR例**

私は自分の役割を考えた最適な仕事をして結果を出し、貴社に貢献することができます。

その理由は、15年間のサッカー生活の中で、キーパー以外のすべてのポジションでプレイする機会をいただき、そこに全力を注ぐことができたからです。

もちろん1つのポジションだけを極めるということも可能ではあったのですが、私は監督やチームのことを思い、そして何よりもサッカーというスポーツが大好きなので、たとえ不得意なポジションであったとしても「みんなの笑顔が見たい」という一心で努力し、頑張ってくることができました。

残念ながら、現役最後となる引退試合は決勝戦で負けてしまいましたが、創部以来最高の成績を収めることができました。

また、試合後に「お前がいたからオレも頑張れた」とチームメイトに言ってもらい、感動から涙が止まらなくなってしまったことを今でも鮮明に覚えています。

## 志望動機は企業研究と自己分析の〝合わせ技〟で攻める

就職に失敗したくない人は、気持ちよく働き続けるためにその企業に自分を不安にさせる要素はないかを徹底的に調べる傾向にあります。

特に、長く働こうと考えている人であれば、当然のことながら業績や福利厚生のようなホームページに掲載されている言葉だけからではなく、業界内でのその企業の立ち位置や理念や社風がどのような経緯でそうなったのかも理解し、自分が学んだことや身につけたことをその企業のどこで活かしたいのかまで落とし込んであることがほとんどです。

応募者の発言内容に、企業研究が深く行われていることが感じられ、応募者自身がどこに活かせるかまで明確になっていると面接官は興味を持ってくれます。

**志望動機例**

私は大学でマーケティングについて学んできました。所属しているゼミナールでは、協力企業から与えられた課題に対し、チームで企画を考え、企業担当者へ向けてプレゼンすることを重視した学生主体の研究が中心となっています。その中で私は、近年、若者離れが生じているアルコール飲料についての研究を行っています。

日本には現在、複数のアルコール飲料メーカーがありますが、その中でもあるメーカーはターゲットから若者を外し、あるメーカーでは若者こそターゲットであると特色も様々です。

貴社のことは研究を通して以前から存じておりましたが、インターンシップや説明会に参加させていただいたり、ＯＢとお話をさせていただく機会をいただく中で、今後の貴社の方針でもあり、私が研究している「共感」と「共創」をテーマにした若者へのアプローチが活かせることを知り、志望させていただきました。

# 面接のパターンを知ると正しい対策が見えてくる

対面面接は、種類によって面接時間や方法が異なります。ここでは代表的な面接の種類を紹介し、面接官がどのような目的を持って、その面接を行っているのかを理解しましょう。

## 面接にはどんな形式がある？

### 集団面接

集団面接は、面接試験の最初の選考として行われることが多い面接で、２人以上の学生に対して、面接官も２人以上の複数で対応します。

同じ質問に対して順番に答えていくものもあれば、それぞれの質問に対して順番を決めずアトランダムに答えていくものもあります。

集団面接を実施する狙いとして、集団の中での「個」がどのように映るのかを客観的に比較するという目的もありますが、最近では面接官が言っていることに対して、それを理解し、対人関係に問題がない人物かどうかだけを判断するものもあります。

アピールする能力を重視する企業では、発言内容に自主性や積極性が感じられるか、同じ受験者の話や面接官の話に耳を傾けてしっかりと理解しようとしているかどうかも見ています。

自分のことだけでなく周りの応募者のことも考えた時間配分で質問に答え、話しすぎたり話さなすぎたりしない能力が必要とされます。面接時間は20分～60分程度となります。

## 個人面接

個人面接は、2次や最終の面接試験として行われることが多く、企業によっては1次が個人面接、2次も個人面接で、それが最終の役員面接という流れのところもあります。

個人面接は、1人の学生に対して1人または複数の面接官で対応します。

2次面接の場合は、提出されたエントリーシートに沿って記述された内容を詳しく聞くというのが一般的ですが、面接官の裁量が大きい企業では個人的に気になるところを中心に聞かれる場合もあるので、質問内容は多岐にわたり、注意が必要です。

この場合には、エントリーシートに書いた内容についての対策だけではなく、模擬面接などを通して質問への回答のバリエーションを増やしておきましょう。

2次面接以降で役員と面接をする場合は特に注意が必要で、役員が伝えようとしている言葉にできない「何か」を応募者が感じようとしているかどうかという視点を大切にしている企業もあります。

具体的には、「役員とビジョンが一致する部分が存在するかどうか」や「あなたがこの会社で働いているイメージを役員が持てそうかどうか」、「今実際にその会社で働いている社員の顔を思い浮かべながらあなたという存在はアリなのかナシなのか」、「あなたのこの会社への志望度が高いと役員が全身で感じられるかどうか」、「本当にこの会社に入って仕事をする覚悟を今の段階で持っているのかどうか」などという人事とは違った観点を持つことがほとんどです。

選考が進むにつれ、役員面接も視野に入れた模擬面接を大学の就職課の職員などにしてもらうようにしましょう。面接時間は10分ぐらいで終わることもありますが、場合によっては60分ぐらいになることもあります。

## プレゼンテーション面接

事前あるいは当日与えられたテーマについて、発表を行う形式の面接試験です。

一般的に複数の面接官の前でプレゼンテーションを行います。応募先によって、形式は自由という指示があったり、パワーポイントなどのプレゼンテーション用ソフトを使うという指示があったりと様々です。

業務上説明する機会を求められる業種で行われることが多く、論理的思考や組み立て、説得力が必要とされます。

プレゼンテーション面接は見栄えも重要な選考要素となるため、自分の発表内容を考えた最適な表現方法を考えることと与えられた時間内に完結するためにタイマーを使った練習が必要となります。

できれば、学生以外の多くの人に見てもらって、自分の意図していることが伝わっているのかどうかフィードバックをもらうようにしましょう。

面接時間は3分~5分程度がほとんどです。

## 動画面接

主に営業職や販売職などのコミュニケーションスキルが必要とされる職種で行われるようになってきた比較的新しい面接試験です。

企業が指定した動画投稿フォームに自分で撮影した動画をアップして、選考が行われます。

多くの場合は3つ程度のテーマを与えられ、すべてを合わせて○分以内にしてくださいという指示のもと、収録をします。

応募者にとっては何回も撮り直しができる場合もあり、納得のいく仕上がり具合を追求することもできますが、一発撮りを求められることが多く、加工したものを使うのは困難であるため、慣れていないと仕上がりがチープになったり、準備や撮影にも時間と手間がかかってしまいます。

できれば企画やリハーサルの段階から色々な人の知恵をもらい、中には選考にＡＩを活用する企業もありますから、その企業のイメージに合った動画になるよう心がけましょう。求められる動画の収録時間は30秒から3分と様々です。

## 面接官の手法にはどんなものがある？

### 圧迫面接

圧迫面接とは面接官が冷たかったり、無表情・無反応ともとれるような面接の進め方です。この面接での応募者は面接官の態度から「圧」を感じてしまうため、萎縮してしまう傾向にあります。

ただ、圧迫かどうかは応募者の主観であって、もともと口下手な面接官もいますし、空気を読むことが苦手な面接官もいるので、本当に応募者を困らせようと振る舞っているのかどうかがわからない場合もあります。

また、面接官の圧迫が過ぎるとその企業の評判が下がってしまい、応募者が減ってしまうという恐れもあるので、最近は控え気味の傾向にあります。

圧迫気味に思える面接官の態度としては、応募者の言っていることの意味が本当にわからないので何回も聞いてみたり、意地悪な質問をしてストレス耐性を確かめるように指示されていたり、お客様の前できちんと謝れるのかどうかを試すような指示を受けていたり、役割として愛想の悪い面接官を演じるように指示を受けていたりする場合もあります。

内定式へ出た時に「あの時はごめんね」と自分の面接担当から言葉をもらったなんていうエピソードもあるぐらいですから、その時は圧迫気味に感じたとしても、あまりナーバスにならないようにしましょう。

## 褒め面接

基本的に応募者を褒めることでリラックスを促し、話しやすい雰囲気をつくった上で、本音を聞き出そうとする面接の進め方です。

応募者が何を言っても面接官は受け止めてくれるため、ついつい無防備となってしまい、その会社が基準としているNGワードを言ってしまうことがあるので気をつけましょう。

この面接の手法では、しゃべり方や態度、雰囲気を褒められたり、どんなエピソードに対しても「素晴らしいですね！」と何でもポジティブに反応してくれたりします。

中には本心で言ってくれる面接官もいますが、あまりに続くようでしたら警戒したほうが無難です。

他にも「あなたと一緒に働きたいです」や「次の選考も頑張ってください」などと言う言葉がけをする面接官もいますが、基本的に選考の合否はその場にいた面接官同士の合議制で行うので、1人だけの「推し」で決まらないと考えておきましょう。

まだまだ謙虚な姿勢を保ちつつ、前向きで向上心があるということをよしとする企業は存在します。応募先企業の面接の過去例なども参考にして、落ちついて面接が受けられるよう練習しておきましょう。

## 面接で面接官は何を知りたいと思っているのか

面接官は各選考の段階によって役割が決まっている場合があり、社内での立場によって細かなマニュアルに沿って採点していくように求められている場合と、ある程度の自由裁量で任される場合とがあります。

特に選考の初期段階では、選考に入れる自社の社員数が足りなかったり、業務の効率化を図ったり、客観的な判断を求めるために面接官を外注し、選考を行う場合があります。

外注の面接官の多くは、キャリアコンサルタントという国家資格者や他社での人事採用担当経験者、社会保険労務士などが担当します。

ただ、外注といっても、その企業の面接官として選考に参加しますから、事前に採用基準を熟知した状態ですし、その企業の社員が選考した場合と何ら変わらない選考結果となります。

## 各選考段階で面接官がチェックするポイント

### 3次面接が最終面接の場合

1次面接（20代や30代の社員と係長級の社員）
←
2次面接（課長級以上の管理職が複数）
←
3次面接（役員か社長）

各社の選考回数や重視する内容によって大きく変わるので、あくまで参考となります。

**1次面接**

・面接を受ける態度に挙動不審なところはないか
・対人関係に問題はないか
・一般的な就活生がやることをやって来ているかどうか
・事務は真面目でコツコツと同じことの繰り返しが求められるといった思い込みのままで応募をしていないか

**2次面接**

・現場にいる社員と馴染めそうかどうか
・能力が仕事内容にマッチしているかどうか
・積極性があるかどうか
・自分で考えて行動できる力があるかどうか
・ストレス耐性があるかどうか
・成長意欲があるかどうか
・指示に従えるかどうか

**３次面接（最終面接）**

・内定を出したら必ず入社する意思があるのかどうか
・入社後の将来像が具体的にイメージできているかどうか
・働くための価値観が会社の求めるものと一致しているかどうか
・創業者や社長など経営陣のことを理解しているか
・自己ＰＲと志望動機に変化はないか
・最近のプレスリリースなどを見て、会社をもっと知ろうと努力しているかどうか

## わかりやすく伝える面接での2つの話し方

質問によって回答が長くなってしまったり、短くなってしまったり、まとまりがつかなくなってしまうのは話し方を改善することでコントロールできるようになります。

ここでは面接時の話し方で使いやすくて代表的な「ＰＲＥＰ法《プレップ》」と「ＳＴＡＲ法《スター》」を紹介していきます。

## ＰＲＥＰ法―説得力のある話し方

集団面接や短時間でたくさんの質問がされるタイプの面接で、簡潔で説得力のある話し方をしたい場合に用いると効果的なのがＰＲＥＰ法です。

ＰＲＥＰ法の「ＰＲＥＰ」とはＰ＝Ｐｏｉｎｔ（結論）、Ｒ＝Ｒｅａｓｏｎ（理由）、Ｅ＝Ｅｘａｍｐｌｅ（事例、具体例）、Ｐ＝Ｐｏｉｎｔ（結論を繰り返す）という話し方の頭文字をとって構成されています。

話し方の手順としては、自分が最も言いたい結論を最初に伝えてから次にその理由を説明し、「例えば……」という形で具体例を示して理由の部分を補強し、最後に結論を再度提示するというやり方です。

**例：ＰＲＥＰ法を使って好きな動物を紹介する場合**

結　論：私は犬が好きです。
理　由：一緒に遊ぶとストレス解消になるからです。
具体例：うちには２歳になる元気な小型犬がいるのですが、私と好きなおもちゃを使って引っ張り合いをしたり、私が投げたボールを拾って手元まで持ってくる遊びをすると私まで遊びに夢中になることができ、嫌なことも忘れられてストレスの解消になります。

結　論：だから私は犬が好きです。

## STAR法―論理的に説明したい時の話し方

自分の発言に客観的な根拠を持たせて、論理的に説明したい場合に用いると効果的なのが、STAR法です。

STAR法の「STAR」とはS＝Situation（状況）、T＝Task（課題）、A＝Action（具体的な行動）、R＝Result（成果・結果）という話し方の頭文字をとって構成されています。

話し方の手順としては、その時の状況や背景について簡単に説明し、次に乗り越えなければならなかった課題について説明をします。

そして、その課題を克服するために行った自分の具体的な行動について説明し、最後にその成果や結果を話すというやり方です。

ポイントとして成果や結果を言う場合には、できるだけ数値化するほうが説得力を持たせることができておすすめです。

**例：STAR法を使ってアルバイト先での自分の成果を説明する場合**

状　況：私はカフェでアルバイトをしており、現在は30人いるバイトのリーダーをしています。

課　題：ある時、コーヒーと一緒に販売しているコーヒー豆の売り上げをもっと伸ばしたいと店長から相談がありました。

行　動：高校生のバイトの中に絵を描くのが上手な子がいたので、その子を含めた高校生で販促チームを作り、店内のPOPの作成と掲示を任せてみました。

成　果：その月から例年の20％以上の売り上げが継続的に上がるようになりました。

## その話し方は面接官の心証を悪くする

あなたは「すみません」が口癖になっていませんか？

相手に対して謙虚なことはいいことですが、行き過ぎた謙虚さは時に「かしこまりすぎ」となってしまい、面接官の心証を損ねる場合があります。

他にも目上の人と接する機会が少なかった人は敬語がうまく使えず、ついうっかりしてタメ口となってしまうことがあります。

面接官への心証をよくするためにも、まずは敬語から学び直しておきましょう。

まず、敬語には「尊敬語」「謙譲語」「丁寧語」の3つがあります。これらは相手との関係性に応じて、上手に使い分けていく必要があります。

### 尊敬語とは

尊敬語は、目上の人やお客様など敬う必要のある相手がする行為について使う敬語です。「来られる」などの「れる・られる表現」や「なさる」、「召し上がる」のような特定の表現があります。

### 謙譲語とは

謙譲語は、自分が行う行為についてへりくだって使う敬語です。「伺う」、「いたす」、「いただく」などの表現があります。

### 丁寧語とは

丁寧語は、対象となる相手に関係なく、丁寧さを表現したり、上品な印象を与える時に使う敬語です。

使いたい単語の接頭語として「お」や「ご」をつけたり、語尾に「です」「ます」をつけることで丁寧さを表現することができます。

「お茶」、「ごほうび」、「聞きます」、「言います」などの表現があります。

## グループディスカッションの攻略法とは

最近は選考過程で実施しない企業も増えてきましたが、選考方法の1つとしてグループディスカッション（集団討論）があります。

グループディスカッションは3名以上の応募者を1グループとして、与えられたテーマについて話し合っていく様子を評価するもので、略して「グルディス」や「GD」と呼ぶ場合もあります。

企業と公務員では実施方法や評価ポイント、討論時間の長さ、進め方に違いがあり、それぞれの特徴を捉えた振る舞い方が必要とされます。

### 企業の場合

5名程度が1グループとなり、30分程度の話し合いが行われます。

司会や書記など発言すること以外の役にも立候補して参加しようとする積極性や発言内容のインパクトが評価ポイントとなり、そのグループの中でよい評価を得られた人は次の選考に進む確率が上がります。

### 公務員の場合

6名から最大11名が1グループとなり、60分~80分程度の話し合いが行われます。

司会や書記などの役をとって参加することもできますが、話し合いは長時間であり、会議のように進行していくので、瞬発力のある発言よりも長時間にわたって最後まで参加し、発言できる「出すぎず引っ込みすぎず」という態度が基本となります。

話し合いの中で役をとって進めた人よりもチーム全員がしっかりと関わって、結論を出していくプロセスのほうが大切であり、うまく意見をまとめることができたチームは全員が次の選考へと進む確率が上がります。

## 集団面接の正しい突破法

集団面接では、限りある面接時間の中でいかに自分のことを簡潔に表現して、態度まで評価をしてもらえるかどうかが突破するポイントとなります。

面接官にいい印象を持ってもらうためにも次のような工夫をするとよいでしょう。

1. 自分の言葉を使って分かりやすく伝えようとしている
2. 他人の発言や態度に影響されていない
3. 他人が話している時でも当事者意識を持って参加できている
4. 他人の話にも耳を傾けている
5. 他の応募者との間に一体感がある

## 絶対に忘れてはいけない面接の心得

面接で一番大切な心得について学生からよく聞かれますが、それは「自分が応募先から求められていることに対して、どのように役立つことができるのかを明確化して、それを自分の言葉にして面接という場で発言すること」です。

就職試験における面接は入試と違い、正しい答えが何なのか、面接官が期待する答えとは何なのかを探して正解を求めるという作業ではありません。

面接官は、人としてあなたが自分たちの組織で働くということに対してどのような意味づけをしているのか、そして、それが自分たちの組織の中で維持・実現できることなのかなど、あなたが思っている以上にあなたのことをもっと知りたいと思っていますし、就職という機会をきっかけに、自分たちとあなたのこれからの人生がより充実したものになることを願っています。

あなたが応募する企業の面接官は、1人でも多くの応募者が自分の組織の価値観を理解して、同じ方向に進みたいと思ってくれないかと感じながら日々の採用活動を行っていることを理解しましょう。

## 〝もったいない〟不採用を防ぐコツ

せっかく面接の準備を万全にしても、身だしなみや立ち振る舞いに問題があると、それだけで不採用になってしまいます。

ここでは、そんな〝もったいない〟不採用を防ぐコツをお伝えします。

### 身だしなみが第一印象を決める

社会人1年生のことを「フレッシュマン」と呼ぶように、就活生もフレッシュな印象を大切にしたいところです。

1着だけのスーツを着て就活を続けると不潔になるばかりか、スーツの傷みも早くなります。

もし、同じスーツを2着以上購入することができるのなら、クリーニングのローテーシヨンを考えた着回しもできるようになるのでおすすめです。

また、カッターシャツやブラウスは季節や保管状態によって汚れやシワが目立つので、こちらも同じものを3枚以上購入しておきましょう。

そして、案外盲点となるのが靴です。汚れを取り、きれいに磨くことで不思議と自分の心も落ち着いてきます。

社会人になっても身だしなみに気をつかえる人は気持ちにも余裕がある証拠と言われます。面接官にいい印象を持ってもらうためにも自分の身だしなみには気をつかいましょう。

## 立ち振る舞いは時に致命傷にもなる

面接時にふと気が緩み、「姿勢を崩す」ことや「相手の目を見ないで話す」、「説明してもらっているのにメモをとらない」、「相手によって態度を変える」といった立ち振る舞いを1度してしまうと、それまで積み重ねた評価が一瞬で崩れ去ってしまう可能性があります。

面接が終わってすぐに会場の近くでタバコを吸っていたり、たまたま応募先の近所で道を聞いてきた人が採用担当で不親切な対応をしてしまったり、面接後に会場の近くであることを忘れて大声で話していたりと、「見えなければいいだろう」と油断した態度は、結果として足元をすくわれることがあります。

応募先の担当から「期待していたのに残念だ」と思われないように、「家へ帰るまでが面接」という気持ちを忘れないようにしましょう。

## 「面接室に入るまで」も見られている

面接会場からが面接の開始ではありません。場合によっては、応募先の最寄り駅からもう面接が始まっているんだという意識が必要です。

特に12時頃からのお昼休みの時間帯は、応募先企業の方と接触する可能性が高く、不意に道を聞かれたり、態度の悪いところを見られている可能性があります。

会場へ到着しても誰も見ていないからと控え室で不必要なくつろぎ方をするなどの態度は、意外と見られていますので、許可をもらったとしてもスマホを触ったりせず、おとなしく座って自分の順番が来るのを待つのが望ましいと言えます。

また、応募先のトイレを使う場合は、マナーに気をつけましょう。採用担当もそのトイレを使うということを忘れずにきれいで礼儀正しく使用することを忘れないようにしてください。

## 型に縛られた表現はマイナス材料に

大学から配布されるマニュアルに載っている例文をそのまま使ってしまうと、他の応募者と被った場合に違和感を感じる面接官も存在します。

特に「○○大学では学生に対して、画一的な指導をして攻略法を企て、対策をしている」なんて思われたら、あなただけでなく後輩の採用にも影響が出る可能性があります。

例えば、自己ＰＲを語る場合の「私は～という人間です」という表現は日常的ではありませんし、簡潔なようで人によっては違和感を覚えます。

書類提出の前にはぜひとも自分が面接官になったつもりで、この表現は適しているのかどうかのチェックをしたり、新卒応援ハローワークなどで相談員をしている「キャリアコンサルタント」という就職支援を専門とする国家資格者、社会人の先輩などに添削をしてもらうようにしましょう。

## 最終面接まで進んだのに不採用の理由とは？

最終面接はそれまでの現場でも働く管理職レベルの面接とは違って、役員などの経営者側の人が選考に入ってくることがほとんどです。

管理職レベルの面接官の中には、「自分の部下になった時にどうだろうか」という目線で選ぶ人や、「今まで採用になってきたタイプの範疇だ」と役員が気に入りそうな視点で最終選考に進める人もいます。

最終面接で不採用になってしまう人は、役員から見て「決め手に欠けている」という可能性があります。

特にボーダーライン上にいた学生は、志望度のアピールが足りなかったり、入社意思よりも自分がこれからやりたい仕事や今までの実績にこだわって熱く語ったりします。

他にも最終面接だとわかっているのに志望順位を低く言ってしまったり、他社をやたらとディスったり（他社をディスるということは自社の社員がいないところで自社をディスる可能性があると見なされる）、協調性に欠けると思われるような発言があったり、みんなに可愛がられながらも成長できそうな期待値が低かったり、経営者視点での自己評価ができなかったりと理由は様々です。

経営者にはなんとなくという判断がありません。人が人を選ぶのが採用面接ですが、「なんか違う」と思われた時点であっさりと不採用になってしまいます。

最終面接では、それまでの管理職面接とは違った厳しい視点から面接が行われることを肝に銘じて、面接対策をしてください。

# 「オンライン就活」に関する悩みはこう切り抜ける！

## 「面接」ではオンラインと対面どちらを選ぶべき？

これらに有利不利はありません。

どちらのほうが自分らしさを表現しやすいか、面接官の表情やしぐさにすぐ反応しやすいかなどを考えて応募者が決めているようです。

オンラインのほうが緊張しないという応募者もいますし、対面のほうが緊張しないという応募者もいます。

## 「説明会」ではオンラインと対面どちらを選ぶべき？

これらにも有利不利はありません。

説明会が採用側からの一方的なＷＥＢセミナーだけだったとしても質問を受け付けるフォームや連絡先があるので、回答をもらうまでの時間差は出ますが同じです。

オンラインは、より多くの学生にリーチして優秀な学生を採用できるチャンスが広がるという企業側のメリットもありますし、特に全国展開をしている企業にとってオンラインと対面の選考に有利不利があったら、離れた地域から応募している学生の選考はすべて不利となってしまうので、心配する必要はありません。

## オンライン面接時代の企業選びの決定打

会社は人が集まって、それぞれの人間関係のもとで運営や経営がされていますから、社歴が長いことや資本金が多い、上場している、福利厚生が充実しているからといっても、それらがあなたにとっていい会社であるとは言いきれないのが実情です。

インターンシップへ参加できる機会があったり、選考前や選考途中にも訪問が可能な場合は、採用に関わる方以外の人にも接触できる機会をつくれるので判断の材料を増やすことが可能です。

しかし、新型コロナウイルスによる緊急事態宣言など物理的な訪問制限がなされているような場合には、個別のＯＢ・ＯＧ訪問をするか、採用に関わってきた人たちの印象を中心に決めることが多いようです。

インターネット上には、その会社の評判などを掲載しているＷＥＢサイトが多数ありますが、その会社に特別な感情を持って意図的な書き込みをしている人もいるので、参考にする場合には少し冷静な判断が必要です。

## オーバーリアクションは得か損か

オンラインでは、カメラに映る範囲しか非言語の情報が伝わらないため、対面よりは情報量が少なくなります。

だからといって無理に極端なリアクションをしなくても、最近のＷＥＢカメラは性能もよく、鮮明に伝わりますから、オーバーなリアクションをする必要はないでしょう。

心配な時は1度、家族や友達を相手にどのように自分が映るかのテストをしてみるとよいでしょう。

## カメラ映りをよくするちょっとした工夫

室内でオンライン面接を受ける人が多いので、部屋全体の光量には注意をしたいところです。あまりに暗い部屋だったり、逆光だったりするとカメラ映りが悪くなってしまったり、なんとなく元気がないと思われる可能性があります。

もし可能なら、ＷＥＢカメラの後ろから自分を照らすライトを用意するのがベストですが、用意できない場合は自分が座る位置を工夫して、できるだけ顔が明るく映るところで面接を受けましょう。

それでも明るさが足りない時は、白くなりすぎないよう配慮した明るめのメイクをして面接に備えましょう。

## 「面接官のメモ」の正体とは？

面接官はあなたの発言の中から大切だなと感じたところをメモする傾向にあります。すべてのメモが粗探しではないので、気持ちを落ち着けて面接を進めましょう。

## 集団試験で他人にイライラする前に気をつけたいこと

確かに複数人で同時に何かをする選考では、タイミングが取りづらいかもしれません。

ただ、これは待ってあげるしか仕方がありません。

むしろ、その人の通信環境が悪いのではなく、あなたの通信環境に障害がおきている可能性も考えられます。

もし、本当にその人の通信環境が悪いのなら、面接官もあなたと同じように感じるはずなので、面接官のほうからその応募者に対して何らかの指示があるまで待つほうが無難でしょう。

## 画面の外にいる面接官にも伝える意識を

オンライン面接では、複数の面接官がいても、システム上1人の面接官しか映らない場合があります。

しかし、面接官それぞれのカメラをこちらからコントロールすることはできませんので、これは気にしないように我慢するしかありません。

画面上にすべての面接官が映っていなくても、面接官全員に伝わるよう意識をしながら発言し、自身の集中力が途切れないよう努めましょう。

## 職場の雰囲気をつかむためにできること

説明会から最終面接まですべてオンラインで完結した場合、職場の雰囲気がつかみにくいという事実は否めません。

ただ、時期によっては訪問を敬遠される場合もあるので、まずは応募先企業へ電話連絡をして、何か職場の雰囲気を知れる機会がないかを聞いてみましょう。

もし、訪問が不可でメールだったら対応できるという場合には、あらかじめまとめておいた質問事項をお送りしてもよいかどうかを確認し、応募先企業の業務の邪魔にならない配慮をした行動を心がけましょう。

## 人気企業やトレンドの見抜き方

最近の就活生の中には、合同企業説明会の混み具合で人気やトレンドを探る人も少なくありませんが、合同企業説明会でのブースの混み具合は、自分が参加した日時によって、たまたまそこに多く集まっているタイミングだったということがよくあります。

また、ブースで説明を聞いたからといって全員がその企業に応募することもないので、これらのことから人気やトレンドの判断をするのは不可能です。

その一方、オンラインでの説明会は時間効率がいいので、合同企業説明会へ参加するよりもたくさんの説明会に参加することができます。

実際に自分自身の目や耳で確かめることを多くしたほうが、就活での納得感も高まるので、合同企業説明会の混み具合で判断するよりも、本当はこちらのほうがおすすめです。

## 企業との運命的な出会いをするための心構え

就活の流れとしては、業界地図や自分自身の興味などから企業研究を始めていくと思います。その上で各社の特徴を比較しつつ、絞り込んでいくのが一般的です。

いずれにしても最終的に就職するのは1社だけとなりますから、たまたま最初に見た企業があなたにとっての「運命的な出会い」になることもありますし、なかなか「運命的な出会い」を果たせない場合もあります。

運命的な出会いは案外ふとした瞬間に訪れるものなので、気持ちを楽にして資料映像などをできるだけたくさん見るようにしましょう。

### ネットの情報には裏があることをわきまえる

就活生の中には、ライバルは1人でも少ないほうがいいと「ウソ情報」を流す人もいます。

教えてもらったものが正確な情報であれば問題ないのですが、自分の一生を決める勝負の時にこのような「ウソ情報」に惑わされるようなことがあると大変です。

特にSNSは匿名でも気軽に書き込める分、正確な情報かどうか判断をしづらい傾向にあるので注意しましょう。

大学によっては就活情報をまとめているところもあるので、1度就職課に聞いてみるのも1つの手です。

## 「面接」に関する悩みはこう切り抜ける！

### お礼状を書くのはマストなのか

選考が始まってからのマストは、卒業見込などの各種証明書の提出や内定承諾書を書いて送ることぐらいです。

本来、各選考段階におけるあなたからのアクションは、あなたが「自発的に」必要だと思うことを行いたいところです。

就活の形式としてお礼状があるのではなく、採用に関してお世話をしてくれた方への感謝の気持ちを表すためにお礼状はあります。

もちろん、お礼状を出すことで「きっちりしている」、「感謝の気持ちを自分から伝えられる学生である」というアピールにもつながるので、結果として好印象を得ることができ、選考の評価もプラスの方向に動きます。

選考過程では評価をもらった後の行動も大切になるので、相手の気持ちを考えた行動ができるよう心がけましょう。

## 「私服でお越しください」の〝私服〟とは

最近の「私服でお越しください」は、本当に私服で来てくださいという意味がほとんどです。

以前は、ビジネスパーソンとしての態度を見極めるといった罠をしかけるように実はスーツで来ることを期待していたなんていうこともありましたが、今は「それはフェアじゃない」と敬遠されがちです。

ただ、私服であれば何でもよいというわけではなく、業界にもよりますが、多くはオフィスカジュアルが想定されています。

オフィスカジュアルとは、襟付きの白シャツやブラウスにダークなパンツやスカート、ノーネクタイにジャケットを羽織るようなスタイルのことを指します。

スーツほど堅苦しくはないけれど、普段着ほど崩していないというイメージです。

## 圧迫面接こそ冷静かつ淡々と

圧迫面接に遭遇した場合、まずは「そういう面接なんだ」と冷静になって、対処に努めましょう。

圧迫面接は前出のようにストレス耐性を測るための面接方法の1つです。面接官も圧迫を入れることで自分の印象が悪くなることを知っていますから、本当はしたくない質問をあえてしているということになります。

あなたも感情的にならないで淡々と自分の意見を伝えつつ、できればポジティブな印象を持ってもらえるよう努めてください。

## 緊張を和らげる3つの〝しぐさ〟

緊張を防ぐコツとして次の3つの方法を試してみる価値があります。

1．「あ、思うように声が出ないかも」と感じたら「ふーっ」とゆっくり伸ばすように息を吐いてみましょう。かたくなっていた体から、力が「スッ！」と抜けていく感覚を得ることができます。

2．緊張が始まると上半身がかたくなる傾向があるので、首→手首→足首の順にゆっくりと回し、体を柔らかくしてから入室しましょう。

3．入室したら視野を広げるために会場全体の様子や窓の外を見て、目線を上げてから座るようにしてください。

もし、あなたが話すことを苦手と感じているのなら、まずは原稿を書いて準備をしてみるのも1つの方法です。

あらかじめ原稿を書いておくと、頭の中が整理され、自分にピッタリの言葉を探し出しておくこともでき、かつ、話す順番も決めることができるので、話の迷走を防ぐことができます。他にも混乱して話が長引くことを防ぐことができます。

## 逆質問は最低でも3つの用意を

逆質問は前出のように採用側とのミスマッチを防ぐ役割もあります。

また、入社意欲や興味を持っているというアピールにもつながりますので、面接のたびに3つは質問できるようにしましょう。

逆質問例を挙げますのでぜひ参考にしてください。

・もし採用していただいた場合、配属先はどの部署に配属されますか
・入社までに準備しておいたほうがよいことがあれば教えてください
・私は○○な性格ですが、他にどのような資質があるといいですか
・今後、どのようなスキルや資格を身につければ仕事の際に役立ちますか
・面接官の方々が仕事をしていて嬉しかったことを教えていただけませんか

・入社から現在まで、最も苦労されたことを教えていただけませんか
・○○様（面接官の名前）から見て、御社の一番の魅力は何ですか
・（掲げられている）ビジョンをもとに、この先はどのような展開を考えておられますか
・○○という主力商品制作のきっかけになったことは何ですか
・御社の○○という戦略の△△のところに大変興味があるのですが、詳細をうかがってもよろしいでしょうか

## プライベートな質問をかわす1つの手段

厚生労働省は、公正な採用選考の基本をホームページ上で紹介しています。

ここには、採用選考の基本的な考え方として、応募者の基本的人権を尊重すること、応募者の適性・能力のみを基準として行うことを基本的な考え方として実施することが大切だと書いていています。

採用面接では本来なら回答する必要がないと思える質問をしてくる面接官もいますし、ひょっとするとその質問は形式だけの受け答えをする応募者の本質を知りたいためになされているのかもしれません。

最終的な判断は応募者の判断になりますが、もしできるなら「その質問への回答は採用に関係がありますか?」と面接官へ返答してプライベートな質問への回答を回避するのも1つの手です。

## 面接に提出する書類を忘れてしまった時の挽回策

面接当日に提出する書類を忘れてしまった場合、正直に応募先へ忘れてしまったことを伝えて指示を仰ぐしかありません。

下手に言い訳をしようとしたり、取り繕おうとしてもその書類が手元にないという事実に変わりはありません。

当日の提出物を忘れてしまったことで応募先からの印象は悪くなってしまいますが、それでもまだ不採用と決まったわけではありません。

面接の内容でしっかりと挽回できるよう頑張りましょう。

## ドタキャンしても「ダメもと」で再調整のお願いを

面接日時を勘違いして、結果的にドタキャンとなってしまった場合、応募先へ連絡すると同時に指示を仰ぐしかありません。

ただ、応募先で日程変更が可能な場合は、他の日を案内されて再設定ということもあるので、「ダメもと」とはなりますが応募先に言ってみて、調整をお願いしてみましょう。

## 複数の企業で面接時間が重なってしまった場合の対処法

いくつかの企業で面接日時が重なってしまった場合、応募先へ連絡すると同時に指示を仰ぐしかありません。

自身のスケジュール管理の甘さが採否につながってしまう応募先もあります。

しかし、若年者の現在の労働市場は、前出のように、依然として少子化の影響により供給は足りていないので、１人でも多くの応募者に来てもらいたいというのが企業の本音です。

別の日が提案されたらラッキーということで、再設定をしてもらいましょう。

# 3章

# 自分の強みを最大限に活かす「自己分析」のコツ

# 就活で失敗する人、成功する人の違いはどこにある？

２００６年、経済産業省は主に大学生を中心とした若者が育むべき能力として、「社会人基礎力」という職場や地域社会において、様々な人たちとともに仕事をしていくために必要な基礎力をまとめ、発表しました。それらは２０１８年となって、アップデートされ、現在は「人生１００年時代の社会人基礎力」として運用されています。

「人生１００年時代の社会人基礎力」では、もともと発表されていた「前に踏み出す力」、「チームで働く力」、「考え抜く力」をベースに、自らの能力を発揮するにあたって自己を認識してリフレクション（振り返り）しつつ、目的（どう活躍するか）、学び（何を学ぶか）、組合せ（どのように学ぶか）のバランスを図ることが、自らのキャリアを切り開いていく上で必要であると位置づけています。

新卒の就職試験の現場では、応募者に対し、この「社会人基礎力」がすでに備わっているかどうかを確認することで、その応募者が活躍できそうな人材であるかどうかを判断し、活躍できそうな人材であれば採用というふうに役立ててきました。

このような理由もあって、就活で成功している人は共通して、自身の「社会人基礎力」を自己分析から明確化し、そこから企業から期待できる人物であると認められて就職試験を突破し、成功しているのです。

また、会社という組織の中で単に働いてもらうだけではなく、成果も出してもらうために「能力」は大切な要素となりますが、「知識」や「スキル」という能力を持っていたとしても成果が出せない人もいます。自分の持っている知識やスキルを活用するためには、それを使いこなせるだけの行動力も必要です。

このことから、その組織の業績を上げるために貢献している社員には、どんな行動特性（コンピテンシー）があるのかという研究が盛んに行われるようになりました。

就活に成功している人は共通して、その組織で必要とされる行動特性（コンピテンシー）も自己分析から明確化しており、それを就職試験で表現し、備わっていると認められたので成功しています。

そこで、「社会人基礎力」とは具体的にどんなものか紹介したいと思います。

## 就活で求められる「社会人基礎力」とは

『前に踏み出す力（Action）』
主体性：物事に進んで取り組む力
働きかけ力：他人に働きかけ巻き込む力
実行力：目的を設定し確実に行動する力

『考え抜く力（Thinking）』
課題発見力：現状を分析し目的や課題を明らかにする力
計画力：課題の解決に向けたプロセスを明らかにし準備する力
創造力：新しい価値を生み出す力

『チームで働く力（Teamwork）』
発信力：自分の意見をわかりやすく伝える力
傾聴力：相手の意見を丁寧に聴く力
柔軟性：意見の違いや相手の立場を理解する力

情況把握力：自分と周囲の人々や物事との関係性を理解する力
規律性：社会のルールや人との約束を守る力
ストレスコントロール力：ストレスの発生源に対応する力

## 成功する人・失敗する人、「社会人基礎力」どう違う？

### 成功する人の特徴

『前に踏み出す力（Ａｃｔｉｏｎ）』
・自分からやるべきことを見つけ、積極的に取り組める人（主体性）
・自分から周りに声がけをして、目的達成のために周りの人を動かせる人（働きかけ力）
・失敗を恐れず、設定した目標に向かって行動できる人（実行力）

『考え抜く力（Ｔｈｉｎｋｉｎｇ）』
・問題を発見するだけでなく指摘もでき、解決するための手段や方法も提案できる人（課題発見力）

・問題を解決するためのプロセスが理解できており、そのために必要な準備ができる人（計画力）

・前例にとらわれず、より高い価値を提供できる人（創造力）

『チームで働く力（Teamwork）』

・誰もが理解できるように自分の意見をわかりやすく伝えられる人（発信力）

・相手から真意を話してもらえるような関わり方ができる人（傾聴力）

・相手の意見を受け入れて、それに合わせた行動ができる人（柔軟性）

・集団の中で自分がどのような役割を担えばよいのかを理解できる人（情況把握力）

・決められたことから逸脱せず、自分の気持ちを抑えた行動ができる人（規律性）

・感じたストレスをうまく逃がす方法を持っている人（ストレスコントロール力）

### 失敗する人の特徴

『前に踏み出す力（Action）』

・人から言われたことしかやらない人（主体性）

・個人プレーを中心とし、他人のことは見て見ぬふりをする人（働きかけ力）
・失敗したくない気持ちが大きく、すぐ躊躇してしまう人（実行力）

『考え抜く力（Ｔｈｉｎｋｉｎｇ）』

・問題に気づいても指摘ができず、解決を人任せにしてしまう人（課題発見力）
・問題解決のためのプロセスが意識できず、準備もできない人（計画力）
・今まで通りが最善であると考えがちな人（創造力）

『チームで働く力（Ｔｅａｍｗｏｒｋ）』

・自分だけにしかわからない言葉を選び、言おうとすることの真意が伝わらない人（発信力）
・自己主張が激しく、相手を決めつけてしまう人（傾聴力）
・相手のことよりも自分のこだわりを優先してしまう人（柔軟性）
・自分の役割を考えた行動ができない人（情況把握力）
・自分さえ良ければ周りは関係ないと考えてしまう人（規律性）

・抱え込んだストレスを逃がすことができない人（ストレスコントロール力）

## 就活の第1歩は「自己分析」から始まる

あなたのことを一番よく知っているのは、あなたです。

就職試験の面接官はあなたがどんな人なのかを知りたがっています。

初対面となる面接官に対して、あなたのことをよく知ってもらうためには、「自分が何者なのか」を面接官に分かってもらえるよう準備しておくことが大切です。

この準備のことを「自己分析」といいます。自己分析は、普段の自分が意識していない自分に目を向けることから始まります。

### 「なんかできそう」と思えればモチベーションは上がる

アメリカの心理学者アルバート・バンデューラは、気持ちが前向きな状態で自分の価値を他者から認めてもらえる環境があり、自分が目標としていることについて「すでに成功している人」がいたり、「できるかもしれない」という根拠を持たせてくれるような体験がすでに備わっている時に、人は自信を持ち、そのモチベーションは上がると論じています。

この感覚を「自己効力感」と言います。

働く上で大切にしたいのは、この「自己効力感」と「自分はここで働くのにふさわしい人間だ」と思える「一致感」や「一体感」です。

就職試験では採用側が期待していることに対して、応募者が表現してきたことが受け入れられると内定となります。

いくら頑張って自分なりの表現をしたとしても、そのことを面接官が理解できないのなら、面接官はあなたに対して判断ができないので不合格とせざるを得ません。

最終的には自分の性格や行動特性を的確につかんで話せるようにしておく必要がありますが、就職先と自分とのミスマッチを防ぐためにも、面接官に届く表現を目指して、早いうちから面接官経験のある人を探して練習を始めましょう。

## 自己分析で学歴の壁は突破できる

いまやどの企業も「選考に学歴は関係ありません」と言ってくれます。

これはその通りです。学歴で採否を決めることは就職差別にあたりますし、特に公務員はもともとが学歴ではなく、受験時の年齢が採用の基本となっています。

ただ、看護師や美容師などのように、その資格や条件を満たさなければ就けない仕事は別ですが、それ以外のどの業務も採用は学歴ではなく、応募先が求める能力を備えている人ならば、誰でも就職することができます。

では、どのようにして学歴の壁を突破するのでしょうか?

正確に言うと、突破するのは学歴ではなく、論理的思考力や行動力の部分です。

まずは、前出した「社会人基礎力」と「コンピテンシー」を満たした上で、将来的にも雇いたいと思ってもらえる能力（エンプロイアビリティー）や条件を満たせるかどうかということが重要です。

日本の学歴は、依然として知識量と反復練習を中心とした「学力」がベースとなっていますが、その一方で社会人として活躍するために必要なのは、論理的思考力や行動力です。

２０１９年10月24日に東京商工リサーチが発表した、２０１９年「全国社長の出身大学」調査結果では、１位が「日本大学」で調査開始から９年連続のトップでした。なんと10位の東京大学は２０１９年になって初めて国公立大学でトップ10に入ったぐらいです。

このことから、「大学の偏差値が高ければ仕事ができる人」ということではないということが分かります。ちなみに2位以下の順位は、2位が慶應義塾大学、3位が早稲田大学、4位が明治大学、5位が中央大学、6位が法政大学、7位が近畿大学、8位が東海大学、9位が同志社大学、10位が東京大学です。

2020年現在、コロナ禍で企業の倒産は増えていますが、これは産業構造に変化が起こる兆しでもあります。

古いものや時代に合わないものは無くなり、再構築されていく時代を迎え、賢明な組織はすでに学歴だけで生き残っていくことはできないことを理解しています。

## 自分を棚卸しする3つのステップ

まずは、自分を棚卸しする前に社会人として求められる人材への思い込みがないかを確認しましょう。

例えば、従業員が3万人規模の企業へ就職するのと従業員が3人の企業へ就職するのとでは、働き方も組織から求められることも変わってきます。

前者なら社内に様々な部署を作って分業することもできますが、分業が進めば進むほど自分が関われる仕事の範囲は小さくなり、本当に自分がやりたい仕事に巡り合う機会に恵まれない可能性も出てきます。後者は1人で色々な種類の仕事を行う必要性があるため、自分の能力を高めることはできますが、抱え込む仕事の量が増える可能性があります。

もちろん、安定や給料、年間休日などの福利厚生も大切ですが、年齢を重ねても生活環境が変わっても自分のモチベーションが保てる要因は何か、これが働くための直接的な源泉となるため、自分にはどんな傾向性があるのか、これをつかんでおくためにも次の3つのステップを使って棚卸しをしておきましょう。

棚卸しの際には142～143頁の「3ステップ棚卸しシート」を使うと便利です。

## ステップ1：中学校以降の体験を振り返る

実は職業発達理論と自己分析には密接な関係があります。

アメリカの経営学者エリ・ギンズバーグは、職業選択の時期を大きく空想期、試行期、現実期の3つに分けました。もちろん、それぞれの時期に感じた職業選択への可能性は、「なんか違うな」と思った時に後戻りすることも可能ですが、その場合にはかかった時間や経費などの損失を受けるので注意が必要です。

この理論に基づくと、空想期（0歳～11歳頃）では、「自分のやりたい仕事は何か」という能動的なものではなく、漠然とした仕事の種類や内容について知るだけの時期であり、その仕事に興味を持ち、その概念を理解するという程度の時期となります。

次に試行期（11歳～17歳頃）ですが、ここでは具体的にその仕事について好きか嫌いかという次元から始まり、自分の得意なことと不得意なことを理解し、「将来、どの仕事に就く？」という職業選択に興味を持ち始めていく時期となります。

そして、現実期（17歳～20歳頃）ですが、自分が仕事をするために必要な能力とは何か、自分が大切にしたい価値感とは何かを具体的に認識しつつ様々な職業における自分自身の選択肢の可能性は何かということを具体的に探索していく時期となります。

また、日本では中学までが義務教育であり、自分の好みに関わらず社会で必要とされる教育を全面的、強制的に受けます。

そして、ちょうどその時期は思春期でもあり、心の状態も不安定な時期にあたります。令和元年に文部科学省が発表した通信制を含む高校への進学率は98・8％となっていますが、全員が中学を卒業する時に初めて自分で自分の進路を決めるという決断をします。

ここには「なんとなく」や「何も考えず」という人もいるかもしれませんが、何らかの将来の可能性を求めて初めて本格的な進路の選択を全員が課せられるのです。

つまり、小学生の時に感じていた職業への関心よりも中学校以降で感じたり、体験したりした仕事への関心と結びつきそうな出来事から振り返り、それらがどのように意味づけされて今の自分という存在につながっているのかを明確化すると、自分らしさを前面に出した自己分析は出来上がっていきます。

## ステップ2：中学校以降の小さな体験をたくさん書き出す

生徒会長は各校に1人しかいません。部活で都道府県以上の代表となり、インターハイへ出場したりすることも狭き門です。世の中で何らかの行動を起こしている人のほとんどは敗者であり、自分だけが唯一特別な体験を持てる機会というのはそうそうないことです。

例えば、採用先の社員全員が生徒会長体験者だったりすると、組織の統率がとれず、危機が訪れても生徒会長的な対処の仕方しかできないまま、運営は立ちいかなくなり衰退してしまうということもあり得ます。

特に情報がすぐに伝わってしまう現代では、社会構造についても変化するスピードが速く、より柔軟で強固な組織が求められますから、多様な人材を募集して予期せぬ場面でも誰かが活躍して危機に耐えられるような組織作りをすることのほうが企業にとっては大切なことです。

これらのことから、今の採用では過去の大した体験というのはそもそも必要とされていません。

中学校以降で何か自分の心が動かされた体験はないか、その良し悪しに関わらず、できるだけたくさん書き出してみましょう。

## ステップ3：それらの体験の「意味づけ」を考える

就職試験では、大した体験を必要としない代わりに、その体験自体に自分がどのような意味づけをしているのかが重要となります。

ここが個性やあなたへの期待感となりますし、興味を持ってもらえるポイントとなります。

ただ、注意したいのは「狙いすぎ」です。特に行動力を示したいと思って書く、「バックパッカーでひとり旅」や「自転車で日本一周」、「ヒッチハイクで日本一周」などは一歩

1-3　大学時代にあなたの心が動いた体験は何？
（箇条書き可）

＜良い体験＞

・

・

・

＜悪い体験＞

・

・

・

---

2　それぞれの体験は自分にとってどんな意味があった？（肯定的に捉えよう）

・

・

・

---

3　その体験を持つあなたにはどんなことができそう？

・

・

・

**自己分析に役立つ「３ステップ棚卸しシート」**

1-1　中学時代にあなたの心が動いた体験は何？
（箇条書き可）

＜良い体験＞

・

・

・

＜悪い体験＞

・

・

・

1-2　高校時代にあなたの心が動いた体験は何？
（箇条書き可）

＜良い体験＞

・

・

・

＜悪い体験＞

・

・

・

間違うと事件に巻き込まれる可能性がある行動です。自分では大丈夫だと思っていても人間関係が希薄になり、何が起こるかわからない時代へと突入している中での冒険や武勇伝は、かつてもらえた「行動力がある」という評価よりも「慎重さに欠ける」というマイナス評価を受けることもあります。

それをしたことが自分にとってどんな意味づけがされているのか、それを複数の面接官が知った時に評価が賛否に分かれる可能性はないのかを考えて肯定的な意味づけとなるよう表現を工夫しましょう。

もし、判断に迷った時は大学の就職課や新卒応援ハローワーク、ジョブカフェなどの支援機関の相談員の方に相談をしてみて、肯定的な意味づけのヒントをもらうことも1つの方法です。

## 新たに何かを体験してみるのも1つの手

それでも何もないという時には「今さら遅いのでは？」とあきらめないで、新たに何かを体験してみましょう。

こういう時に役立つのはやはり大学の就職課です。相談員の方に相談をしてみて、今からでも体験できそうなイベントなどはないか確認をしてみましょう。

もし、大学で見つからない場合は、ａｃｔｉｖｏ（https://activo.jp/）という国内最大級のＮＰＯ・社会的企業のボランティアや職員、アルバイトの情報サイトもあります。ここには１日だけの活動もありますので、参考にしてみるとよいでしょう。

## 自分にマッチした志望業界・企業の見つけ方

理想の就職をしようと１年生の時から大学で行われる就職ガイダンスに参加したり、その仕事のことをしっかりと理解して納得した就職を決めるためにと早いうちからインターンシップに参加したり、語学力や海外経験が他者との差別化になるからと留学してみたり、資格取得で前向きさと成長意欲をアピールするのがいいと聞き資格の取得をしてみたり、業界研究を積極的にした結果、そこの企業じゃなければいけない理由を探すためにと思って多数の企業説明会に参加してきた……。

こういった熱心な学生からよく言われることは、「結局、説明会に出れば出るほど全部の企業がよく見えてしまって決められません」という言葉です。

私がよくお伝えしていることは、学生と社会人の違いです。

このことに対して学生に質問をすると、よく学生からは「学生と社会人の違いは責任感です」という言葉が返ってきます。確かに「違う責任感」も存在するのですが、車を運転していて事故を起こしたら、学生も社会人も責任の取り方に違いはありません。お酒を飲んで暴れれば、「学生だから、まぁいいか」という寛大だった時代ももうありません。社会構造や世間の認識や常識は、時間の経過や技術革新、倫理観などとともに変化していきます。

私がお伝えしている学生と社会人との決定的な違いは、「学生は自分のために自分の時間を使う、社会人は誰かのために自分の時間を使う」です。

志望業界や企業を見つけるにあたって、誰のために自分の時間を使いたいのか、そのためにはどんな成長を学生時代にしたらいいのか。これが志望業界や企業を見つける時に大切なこととなります。

社会に出てしまえば、自分の価値は他の誰かにどれだけのことができたかによって決まります。じっとして何もしないことは誰のためにもならないですし、新たな価値も生まないのです。

そして、会社から払われる自分の給料は、あなたまたは会社の中の誰かが会社のモノやサービスを誰かの役に立つようにと提供したからこそ、その対価として会社にお金が払われ、その一部が給料となってあなたのもとへと渡されています。

公務員であれば、社会システムの維持と発展のために時間を使って業務を行うあなたのためにその対価として、給料が払われているのです。

新約聖書の一節には「働かざる者食うべからず」という言葉があります。これは「働こうとしないものは、食べることもしてはいけない」という意味だそうですが、働くということは食べることと同じぐらい重要なことであるとも解釈できます。

モノやサービスを作り（生産）、それをみんなで分けて（分配）、それぞれが必要なだけ使用する（消費）ということで社会は成り立ち、経済循環は起こっています。

就職するということは、あなた自身が社会という仕組みの中で活躍する機会を得られるチャンスでもあります。

そのためにも、もっと具体的にどこの誰に学生時代に手に入れた自分の価値を提供したいのかを決めることが大切です。

自分が学生時代に手に入れた価値がわからない場合は、所属する学部で学んだこともあなたが学生時代に手に入れた価値です。こう考えれば志望業界や企業を見つけることにもっと積極的になれるのではないでしょうか。

## 様々な求人媒体を使い分けよう

従来の就活では、ナビサイトに事前登録しておき、自分が応募したい企業を探して3月1日になったら一斉にエントリーというのが主流でしたが、最近では企業側からくるスカウトを利用して就活を行うことも盛んになってきました。

スカウトというと特別扱いをされているような気分になりますが、利用するメディアによっては「本当に自分宛てなの？」と疑いたくなるものもあるようなので、注意が必要です。また、多くの求人媒体への登録のしすぎは、自身のスケジュール管理をキツくしてしまいます。それぞれの媒体の特徴を捉えた行動をしましょう。

### 大学に来る求人

主にＯＢ・ＯＧが働いている採用実績のある企業を中心に直接大学へと送られてくる求

人です。

多くの場合は大学の就職課で管理されています。これまでの採用実績がなくても大学で行う企業説明会などのイベントに参加する企業もあり、就職課の職員が直接求人開拓をして集めてくる求人もあります。

大学によっては地元の商工会議所と連携したり、ハローワークと連携したイベントの共同開催などもしています。

40代や50代、管理職や役員となっているＯＢ・ＯＧがいる企業は、その間きちんと給料が払われていますし、離職もしていないのでブラックではない可能性が高いです。

## 新卒応援ハローワーク

国の機関であるハローワークの新卒向け支援機関。現役の学生と卒業後3年以内の人が利用できます。学校と連携していて全国の新卒求人の紹介が受けられます。

ジョブサポーターと呼ばれる新卒者の就職支援を専門とする職業相談員（担当者を決めることもできます）によるきめ細かな支援を受けることができ、職業適性検査や各種ガイダンス、セミナーなどの様々なサービスを無料で行っています。

## 総合型の新卒求人媒体

### リクナビ

マイナビと並ぶ大手就職情報サイトです。
どちらかというと東京や大阪などの都心部の掲載企業数が多い傾向にあります。
(https://job.rikunabi.com/)

### マイナビ

リクナビと並ぶ大手就職情報サイトです。
都心部の掲載企業数だけでなく、地方企業の掲載数も多い傾向があります。
(https://job.mynavi.jp/)

## 中小企業特化の求人媒体

**Ｊｏｂｗａｙ（ジョブウェイ）**

各都道府県にある中小企業家同友会の求人サイトをリンクし、全国の求人参加企業の検索を可能にしています。中小企業の求人情報が得られるＷＥＢサイトです。

(https://www.jobway.jp/member/index.php)

**ツノル（ＴＳＵＮＯＲＵ）**

地元に戻って仕事がしたい人、優良な中堅・中小企業の求人情報や大企業にはない魅力を感じたい人向けのＷＥＢサイトです。

(https://job.tsunoru.jp/)

## スカウト型の求人媒体

**あさがくナビ**

「ＷＥＢ履歴書」や「ガクチカ情報」を充実させると、企業側からアプローチされる可能性が上がるスカウト機能があります。

企業の成長期待度を表す要素がカテゴリーと成長キーワードに分類されていたり、企業の強みがポイントで算出され、3段階で評価されていたりと充実しています。

(https://www.gakujo.ne.jp/)

### OfferBox(オファーボックス)

企業から就活生に対してスカウトが届くサービスです。

2021年卒の利用者は13・5万人以上に達しており、大手や外資、ベンチャーまで6600社以上が登録しています。

(https://offerbox.jp/)

### キミスカ

企業の採用担当者が登録者のプロフィールをチェックし、気になればスカウトメッセージを送ってくれるサービスです。スカウトの種類にはプラチナスカウト・本気スカウトというものもあります。

(https://kimisuka.com/)

**就活エージェント**

就活エージェントには大小様々な企業があり、それぞれの規模感や得意な業界・分野が違います。

丁寧で熱心に無料で相談を受けてくれるところも多いのですが、妄信的になってしまう人もいるようなので注意をしましょう。

**キャリアチケット**

渋谷・秋葉原・池袋・大阪・横浜・福岡・名古屋・京都・神戸と大都市圏を中心に展開していますが、1対1のサポートにこだわっており、就活生の5人に1人が登録しています。

(https://careerticket.jp/)

**ジョブコミット**

専門のコンサルタントが一人ひとりの就活をしっかりとサポートしてくれます。

求人は大手、中小ベンチャーなど様々ですが、1000社以上の紹介が受けられ、内定後の職場への満足度が90％以上と高めです。

(http://job-commit.com/shinsotsu/)

## 就活のスケジュールを立てるコツ

内定のチャンスを逃さないためには、気になるところはすべてスケジュールを入れておきたいところです。

ただ、エントリー数を増やせば増やすほど送らなければならないエントリーシートも増えてしまうという苦しい状態に陥ってしまいます。自分が応募するエントリーシートの形式が各社ともすべて同じならよいのですが、それぞれに工夫をこらしていることが多いので、1つ作成するだけでも結構時間がかかってしまいます。

特に応募者数の多い企業はエントリーシートに入力する項目も多い傾向にあるので大変です。

ただ、選考には時期があるので、それが一度に重ならないよう内定が出る時期を考えた就活スケジュールを立てるようにしましょう。

これは実際に就活を行った学生の例がもととなっていますが、急に面接が決まることも考えて、説明会のシーズンにはMAXでも17社ぐらいにおさえておいたほうが無難です。

## 第1弾の早期選考枠を狙う

早ければ1年生や2年生の時からインターンシップに参加することができる夏のインターンシップでは、その参加者を対象に、3年生の9月ぐらいからインターンシップに参加して企業研究が進んでいることを理由に、1次選考や2次選考を免除する第1弾の早期選考を始め、10月ぐらいに内定を出す企業もあります。

内定が出て、そこが自分の第1希望であればそれで就活は終了となりますが、継続して就活を行う学生もいます。

## 第2弾の早期選考枠を狙う

夏のインターンシップ参加者や11月や12月の比較的短い期間に行ったインターンシップ参加者を対象に、1月や2月に早期選考を行い、内定を出す選考が第2弾の早期選考です。

こちらもインターンシップに参加して、企業研究が進んでいることを理由に、1次選考や2次選考を免除し、比較的早い展開で内定を出していきます。

一部の企業では、この段階で選考に落ちた場合でも、3月以降のインターンシップに参加していない人を対象とした一般選考に参加ができるという企業もあります。

## 通常時期の選考を受ける

3月1日から一斉に説明会や説明会の案内を受け取るためのプレエントリーがリクナビやマイナビなどのナビサイトを通じて始まります。それに合わせて事前に情報を得ておいた企業に説明会等の予約を入れて、選考に参加していくやり方です。

最近では説明会当日に履歴書等を持参させ、すぐに選考を始めたい人に対してその日のうちに1次面接を行うという企業もあります。応募者は、ただ企業の説明を聞きに来ただけのつもりが、企業としては何度も選考に足を運んでもらうのは申し訳ないという気持ちと、ライバル会社に優秀な人材をとられたくないので、少しでも早く選考を進めたいという気持ちから、説明会当日に面接をしているところもあります。

毎年の傾向から考えると、6月初旬あたりが内定のラッシュとなりますが、その間は盛んに選考が行われます。

唯一、経団連が出した選考の指針を守ってきた会員企業においても2021年度以降からは、入社する学生を対象とした採用選考に関する時期の指針は出さないとしたので、今後はこういう就活が集中する時期が存在するのかどうか、現時点では分かりません。

## 夏休み明けからの秋採用を受ける

通常、6月に行われた公務員試験の最終結果が8月末頃に出るのと、4年生前期の単位（成績）が出る時期が重なるのを見計らって秋採用が一部の企業で開始されます。

これは、10月の内定式へ向けて内定は出してきたけれど、辞退者が出てしまった企業が欠員の補充を行うために行うという意味もあります。

企業としては、前期の成績がつかないと卒業見込が出なくて就活を控えていた学生と、公務員試験から方向転換した学生に対してのアプローチができるので、かなり積極的な企業もあります。

この時期の特徴として、ほとんどの学生は内定を持ち、10月の内定式の案内も済んでいるので、採用担当としては自分の業務に対して時間的な余裕を持たせやすい状態となっています。このため、採用担当は自分のスケジュールが組みやすくなっており、最短で3日、2回の面接で内定が出たという学生もいます。

この時期はどの企業も採用は短期決戦となることが多いので、学生としては複数の企業の選考を立て続けに受けにいくことが可能です。

## 随時就職試験を受ける

9月ぐらいになってくるとリクナビやマイナビなどのナビサイトでは、だんだんと新たな説明会が行われなくなってきます。

ただ、求人サイトはこの2つだけではないので、1度自分の大学の就職課を訪ねてみましょう。

採用予定人数に満たない企業の卒業生が直接求人を持ってきていたり、就職課の職員が独自に開拓したおすすめ求人が存在する可能性があります。

まずはあきらめないで自分の就活方法の相談も含めて、大学の就職課へ行ってみて求人情報を手に入れるようにしましょう。

# 4章

# 内定請負人が教える一発逆転の「エントリーシート」の書き方

## 書類審査では一体何が見られているのか

採用担当の本音を言うと、「話せるのなら応募者全員と面接して話をしてみたい」です。会って言葉を交わすことにより、応募者のパーソナリティを知ることができ、五感を使って応募者の意欲とポテンシャルが本物であるかどうか判断をすることができます。

しかし、現実には採用担当が応募者一人ひとりに会っている時間はありません。それは、人事部が1つの部署として独立して存在するためには、ある程度の社員数や規模感が必要だからです。

このことから企業の採用担当者は、普段は違う部署で仕事をしていて採用の時期だけ兼任をしたり、普段から人事以外の他の業務も行っていたりする場合があります。

書類選考は、本当は幅広く色々な人に会いたいのだけれど、それができないために行う業務効率を考えた選考であるとも言えます。

だから「目に留まらない内容じゃダメだ」や「目立つように書き方は工夫しろ」、「最初の1行に全力を注げ」などの必勝法則みたいなものが生まれているのです。

## 最近の採用トレンドで求められるエントリーシート

総務省統計局が発表した2020年1月1日時点の新成人人口は、前年と比べ3万人減の122万人となっています。これは、ピークであった1970年の246万人と比べると半数以下です。

これからも日本の新成人人口は減り続けますから、各企業は存続をかけて若年労働者の獲得の必要に迫られているのが現状です。

以前とは違い、超人気企業以外は慢性的な若年労働力不足に陥っていることと、残業や休日以外の働き方に対する価値観の多様化（副業または複業の可否・時差出勤・テレワークの可否など）、コロナ禍などによる倒産不安からの過度な将来性や安定性の心配によって、画一的な基準を用いた若者の獲得自体が難しくなっており、エントリーシートの1行目だけを読んで「不合格！」なんてしていると自社の採用予定数を満たせなくなってしまう恐れが各社にあるというのが現状です。

ですから、採用に慎重な企業ほど小手先や見栄えだけで目立つエントリーシートよりも中身のあるエントリーシートを求めています。

## エントリーシートは実際どのように扱われるのか

きちんとした会社はエントリーシートを最初から最後まで読んで選考をします。これはWEBエントリーであっても、応募用紙を郵送してエントリーする場合でも同じです。よく、「人事担当者は大量の書類を見て慣れているから1行目を読めばその人のことが分かるので、とにかく1行目に全力を注げ！」なんていう就職アドバイザーがいらっしゃいますが、社員を大切にする企業であればあるほど応募者のすべてを見て、その適性を判断しようとします。これはクレーマーや自粛警察などに代表される価値観の相違などから起こる想定外の事態における対応の必要性と危機管理の観点から、どこかで役に立ってくれそうな人材を確保する必要性に迫られているからです。

つまり、エントリーシートに使われているその一言一句が大切で、そのすべてがあなたの価値を決めるもととなる重要な書類であるということなのです。

## 人気企業がエントリーシートで試すこと

誰もが知っていて応募者の多い人気企業は、応募者の本気度を試すため、エントリーシートに20種類以上の入力項目を作っていたり、3分間で3つのお題について話した動画を自分で撮影して送らせたり、A4の用紙1枚にひと言「あなたを自由に表現してください」というような自由度が高すぎて、正解が分かりにくい課題を課してきたりします。

しかし、これらは仕方がないことです。というのも人気企業はユーザーが多く、その企業の商品やサービスを使用した感想を持つユーザーの立場から共感や賛同をしていたり、その企業に対する評論家目線で考えた志望動機での応募があとを絶たないので、自然とエントリーシートの段階で選考のハードルを上げざるを得ないのです。

例えば、日本テレビ放送網の2020年度総合職採用選考では、放送総合部門・技術部門・スタートアップ事業部門・アナウンス部門のすべてで動画のアップロードを求められていましたし、ソフトバンク株式会社では評価者の業務効率を上げるため、新卒採用選考における動画面接の評価にAI（人工知能）システムを導入しました。

人気企業へ応募すること自体は機会の平等が保障されていますが、選考が進んでいくかどうかはその企業が求めているものに合った内容を応募者が提供できるかどうかが「鍵」

となりますし、選考の段階が進めば進むほど、本気度が試されるようになっているのです。

## エントリーシートで国語力は見られていない

学生からのエントリーシートの添削依頼で私が戸惑ってしまうのは、「文頭は1文字空けたほうがいいのですか？」、「やっぱり段落分けしたほうがいいですか？」、「字の間違いはないですか？」、「言葉遣いや言い回しはヘンじゃないですか？」というような国語レベルの添削です。

そもそも国語レベルができていないエントリーシートが内容面で評価を受けて選考を突破する可能性は低いので、もしそれができていないのなら根本的な大改造が必要となります。

でも、これは一面、仕方がないことです。なぜなら、就職試験を大学入試と同じような感覚で受けようとしている学生たちが思っているよりも多いという証左ですから。

しかし、大学入試のようにどこに何を書けば得点が上がるのかという「整っている文章」よりも、就職試験では人を引きつける「魅力のある文章」のほうを求めているのです。

## 選考を突破するために守りたい１つのルール

ある採用担当者が言いました。

「自分が入社したいと思っているのなら、伝えたいことがありすぎて記入欄に空白ができることなんてあり得ないはずですよ」

これは私もその通りだと思います。どの企業にも第1希望で応募する人はいて、その人の提出した書類を採用担当者が採用の基準とすれば、他の応募者の評価は簡単につけることができます。

たとえ簡潔な表現でまとまっていたとしても、選考を突破したいのなら残っている空白をすべて埋めてアピールできることはないのかと考える努力は必要です。

実際、応募書類に空欄がひとマスだけしかなかったとしても、「仕事に対して妥協をしてしまう傾向性がある」という厳しい評価を下した企業もあります。

## 箇条書きvs文章、どっちがベストか?

結論から言えば、採用担当に対して自分の伝えたいことがきちんと伝われば箇条書きでも文章形式でも構いません。

ただ、提出したエントリーシートが「どの年代」の「どんな役職」の「誰」が見るのかわからない場合、いずれにもきっちりと伝わるように書くのがいいでしょう。

２０１９年8月15日に株式会社帝国データバンクが発表した「女性登用に対する企業の意識調査（２０１９年）」によると、企業における女性管理職の割合は平均7・7％であり、30％以上存在する企業は7・1％でした。現在は緩やかに増加していますが、女性管理職のいない企業は46・7％とまだ半数近くもあります。

ただ、規模の小さい企業や小売りや不動産、サービスには女性管理職の割合が高い傾向にありますので、業界によってはまだまだ男性管理職が採用決定権者として多くいらっしゃり、エントリーシートはちょっと「オジサン好みに寄せて書く」というテクニックもあります。

これは企業によって変わるのですが、おおまかな年代分けとして、選択定年制がある企業に勤めていて、すでに役職から外れた55歳以上の人を除いた53歳以上のバブル世代（役員や部長、課長といった管理職が多い）の採用担当にはいまだに「簡潔な表現を好む」方がいます。

これは、文章をまとめる能力や作成する能力を見ているという説もありますが、私には

「単なるアナログ時代の習慣の名残り」という印象が強いです。

「アナログ時代」の主流は、短時間でどれだけ多くの作業ができるのかという、仕事を「量」で換算してきた時代であり、大量生産・大量消費で使い捨てをよしとしていた時代でもありました。この時代はみんな「モノ作り」に忙しかったですからね。とにかく時間がないので、即断即決のできる人が仕事のできる人と思われていた時代でもありました。

上司へ報告する時も「遅い！　結論から言え！」と今ではパワハラまがいと疑われるようなことも平気でまかり通る時代だったのです。

こういった手短で大量が好きなアナログ世代で育ってきた採用担当からの評価を得たいのなら箇条書きは有効な手段となります。

一方、現在は大量生産・大量消費ではなく、製品を作る時に使う資源量や廃棄物の発生を少なくする「Ｒｅｄｕｃｅ（リデュース）」、使用済みの製品やその部品等を繰り返して使用する「Ｒｅｕｓｅ（リユース）」、廃棄物等を原材料やエネルギー源として再度有効利用する「Ｒｅｃｙｃｌｅ（リサイクル）」の３Ｒが叫ばれている時代です。

仕事に対してもしっかりとしたエビデンス（証拠や根拠）が求められ、知恵を絞り、「エコ」で「コスパ」を考えた行動が求められる今の世代の採用担当は、結果に至るまでのプロセスや説明から、どのような行動が必要とされるのかを大切に考えています。

こういった世代からの評価を求めたいのなら、長くはなりますが細かなニュアンスや結論に至るまでの過程を詳細に伝えることができる文章で書くほうが伝わります。

## オジサン世代の採用担当者には〇〇を語れ

今の学生は、授業への出席がカードリーダーなどでデジタル管理されているので、出席をしたか、していないかが正確に分かります。

そのため、学生の本分である「学業」に時間を費やす大学生が増加傾向にあります。

その一方、カードリーダーなんてなかった一部のオジサン世代は、手書きの出席票に学籍番号と名前を書いて、それを授業後に回収なんていう形で出席がとられていましたので、授業へ出ている友達と連絡をとり、「代わりにオレの分も書いておいて」と頼んだり、出席カードが配られる授業時間の最後にだけ参加して、出席日数を稼いだりしていました。

そして、授業に出ていない時間は何をしていたかというとマージャンをしたり、友達の家にたまったりと「学業よりは自由に過ごす」といった人も少なくありませんでした。

ただ、時間がある分、学生時代には色々な経験をするということを目標に、いかに人と違う変わったことができるかということに価値があると信じて、色々な人やモノにぶつかっていっていたため、苦労することも多かったようです。

中には「苦労した数だけ人間としての深みは増す」なんていう持論を展開する方もいるぐらいです。

このことから、企業内で最終的な採用決定権者となる可能性の高い「オジサン世代」に気に入られるためには、ウソとならない程度におおげさなぐらいの苦労話をエントリーシートに盛り込んでおくのもテクニックの1つとなります。

## 大学のマニュアルをそのまま流用するのは危険!?

私にエントリーシートの添削依頼が集中していた時期の話です。

学生が持ってくる自己PRの文頭が「私は○○な人間です」という風になっていて、それが「やけに目立つな」と思うことがありました。

あまりにそれが続くし、多いので、1人の学生に「なんで『人間です』なの?」と聞いてみると、「これは大学で行われた就職の全体ガイダンスの時に教えてもらった例文がこうなっていたので使ってみました」ということでした。

実はこれはとても危ないことなのです。応募先にそこの学生が多く応募していて、提出されている書類がすべて同じ文頭・言い回しだったら、採用担当はどのような印象を持つでしょうか？

採用試験において画一化された記述内容やパターン化されたものは、応募者の本心を隠してしまうばかりか、「そんな風に書け」と誰かから言われたのではないか、誰かに攻略法を習ってきたのではないかという疑いにつながることもあります。

一度、このような印象を持たれてしまうと、そこの出身学生全体がこういった「色眼鏡」で見られてしまう可能性も出てきてしまいます。

採用試験では個性（パーソナリティ）を重要視するので、学んだことに加えて自分なりのアレンジを加え、他人との差別化をはかるよう心がけましょう。

わからない時には、大学のことは大学の就職課の方がよく理解しています。相談員の方へお願いして、よりよい表現になるよう手伝ってもらうとよいでしょう。

## エントリーシートの全体像を理解しよう

採用担当はエントリーシートの各項目に書かれた内容が充実しているかどうかだけを見ているのではありません。すべての項目を俯瞰して見ながら、エントリーシート全体に流れているあなたの「就活の軸」や「行動特性」も知ろうと思って見ています。

提出に必要なすべての項目に記入することができたら、大学の就職課の相談員の方を訪ねて、全体を通して自分がどのようなイメージで伝わっているのかを聞いてみましょう。

相談員の方が持った印象が自分の狙った通りだったら、それは「成功」です。面接でもうまく自分のことを伝えることができるでしょう。

もし、自分の狙った通りでなかったら、どうしたらそのイメージに近づけられるようになるのかを相談員の方と一緒に考えていくとよいでしょう。

## エントリーシートの代表的な項目とは

### 志望動機関連

・あなたにとって弊社の魅力とは
・入社後はどんなことをしたいか具体的に

・10年後はどのような自分になっていたいですか
・あなたが実現したい「夢」
・あなたが働く理由

きちんと企業研究をした上で応募しているのかを見ています。

また、あえて「当社での」という言葉を入れず、漠然と「夢」や「働く理由」とすることで、応募者がテーマについてどのように捉え、考えて書いてくるのかを試す場合があります。

あくまで応募した会社に入った自分の立場で考えて書くのがポイントです。

間違っても「夢」のところに「幸せな家庭」、「働く理由」のところに「生活のため」などと書かないよう気をつけましょう。

**自己PR関連**

・学生時代に力を入れたことは何ですか
・誰にも負けないものを1つあげてください

・あなたが周りに役立てたこと
・あなたの強みはどのように弊社で活かせますか
・5年前と比べて成長したこと
・自覚している性格

自分という人間を受け入れて、積極的に評価できるという感情である「自己肯定感」を持てる人であるかどうかを評価しています。

自己肯定感の低い人は、自分自身に対して信頼することも期待することもできないので、大切な時に本来の力を十分に発揮できなくなってしまうことがあります。

このことから、仕事の場面においても普段できることが、大切な場面でも同じようにできそうなのかどうかを見ています。

**これまでの経験関連**

・今までもっとも感謝した出来事
・今までの人生はリーダーだったかフォロワーだったか

・チームで取り組んで達成したこと
・最大の挑戦とは
・最大の失敗とは
・最大の困難と、それをどのように乗り越えたか
・失敗から学んだこと
・今まで取り組んだ活動や体験で印象に残っていること
・今まで取り組んできたことのうち、成果や達成感を得た経験

自分を振り返り、その時よりも成長している姿がそこにあるのかどうかという面と困難なことに対して、自分でどのように乗り切ろうとしたのかというストレス耐性の有無も見ています。

リーダー経験の有無については、働いてからリーダーとなり、経験してもらってもよいのですが、入社後1年が経てば必然的に後輩ができるので、自分の仕事を引き継いだり、指導役としても頑張ってもらいたいという期待感という観点からも何らかの経験を持っていたほうが望ましいです。

**その他**

・弊社の〜という商品にキャッチコピーをつけてください
・もし、人生をやり直せるとしたら、いつからやり直してどうしたいか
・自分のどんなところが好きか
・得意科目
・ゼミや研究室の内容（選択をしていれば）
・落ち込んだ時や疲れた時のストレス解消法
・あなたのおすすめスポットとその理由
・趣味
・特技
・ボランティア経験
・どんな時に幸せを感じるか
・最近関心のあるニュース

パーソナルな情報を記述させることで、その人の個性や仕事以外の人物像、興味や想像力・創造力を見ています。

加えて、自分の内面に問いかけたり、求められているものに対して最適な回答とは何かをしっかりと考えて記述できるかどうかも評価のポイントです。

これらの質問は、その企業のお客様をいつも大切にし、オンリーワンな対応ができるかどうかというところにも通じます。

質問内容は他者との関係性も考えた行動をこれまでどのようにしてきたのかを問う内容が多いです。

## 面接官の心に響く自己PRの作り方

自己ＰＲは自分がその企業に入ってから、どのような場面で役立つことができるのかを想像してもらうために作ります。

ですから、具体的に自分がした行動（エピソード）を例に挙げて、「これだけのことをやってきたのだから、応募先企業のこの部署でこんな働き方をして成果を上げることができる」という期待がもてるような内容に仕上げるのがベストです。

書く内容は、職種にもよりますが、部活やアルバイトなどの課外活動で体験したこと、学業でも業務に役立つのならもちろん問題ありません。

ただし、「皆勤賞だった（健康に気をつけて過ごせた）」とか「真面目でコツコツやれる」などは、働く上でできて当然のことなのでPRとはなりません。

最近よく見かける「傾聴力がある」ということについても、「単に人の話が聞ける」というレベルではなく、自分が話を聞くことで、「相手がこんな風に変化した」というエピソードまで書くのが理想です。

## 自己PRと志望動機の決定的な違い

自己PRは自分が今まで周りに役立った体験を根拠にして、その企業へ就職してからどのようなところで貢献できそうなのかを書いていくとうまく仕上げることができます。

一方で、志望動機は自分がその企業のどういうところに興味を持っていて、自分が今まで学んできたことや身につけたことをその企業のどんなところに役立てられそうかと思ったところを書いていくとうまく仕上げることができます。

## 簡単に自己PRを作れる3つのステップ

自己PRを作るのが苦手という人は、次の3ステップを意識して作ってみてください。

1. 中学以降の体験で自分が人に役立てたことを探す
2. その体験が応募先企業で役立ちそうな場面をイメージする
3. 1と2をまとめて文章化する

## 自己PRで〝それ〟をやってはいけない

前述で「皆勤賞だった（健康に気をつけて過ごせた）」や「真面目でコツコツやれる」は自己PRにならないとお伝えしましたが、その他にもNGとなってしまう自己PRを紹介します。

・単なる事実の羅列で終わっている
・文末が「です」、「ます」、「できる」ではなく「思う」、「思います」となっている

・「色々」、「様々」が使われていて、その内容が明確化されていない
・使っている例えの表現が古くて、すでに多くの人に使い回されている表現となっている
・応募先業界の特性を考えず、人によって受け止め方が変わる「負けず嫌い（＝頑固）」、「好奇心旺盛（＝目につくものしかやらず、飽きっぽい）」などの言葉が使われている
・「バックパッカー」や「ヒッチハイク」などの冒険を仕事のどんなところに役立てられるのかが不明確
・留学経験が業務に役立てられるほどの能力になっていない
・取得した資格をどのように業務へ活かすのかが不明確
・「笑顔」や「協調性」、「約束を守る」、「時間に遅れない」などの社会人なら備えていて当然のことを表現している
・問題解決の方法が「やり方」や「心がけ」を変えた程度のレベル感となっている
・「忍耐力がある」、「我慢強い」など、オーバーワーク（働きすぎ）のもととなる言葉が使われている

以上のような自己ＰＲは、採用試験でマイナス評価になってしまう可能性があるので気

をつけましょう。

## 面接官も思わず唸る志望動機の作り方

志望動機を作るためには、それぞれの業界が何をしているのかという「ネタ集め」が重要です。

「卒業後は働くけれど、なんとなく大手がいいのかな?」などと軸が定まらない、何から調べたらいいのかがわからないという方のために、どんな仕事があるのか、仕事とは何かを知ることに役立つWEBサイトを紹介していきます。

### 日本版O－NET

厚生労働省が2020年3月19日開設した「職業情報提供サイト（日本版O－NET）」です。

約500の職業についてそれぞれを90秒で紹介する動画コンテンツ、求められる知識やスキルなどの「数値データ」を盛り込んだ、総合的な職業情報が提供されています。

(https://shigoto.mhlw.go.jp/User/)

**リクナビ「業界ナビ」**

メーカー、サービス・インフラ、商社、銀行・証券・保険・金融などの様々な業界について、それぞれの特徴や仕組み、近年の動向などを解説しています。

業界全体の平均年齢や平均勤続年数、平均有給休暇消化日数などの基本データも紹介しています。

(https://job.rikunabi.com/contents/industry/2489/)

**就活ニュースペーパーby朝日新聞**

WEBサイト内のコンテンツ「業界MAP」では、業界を27に分け、まずは気になる業界からチェックできるようになっています。

業界の仕組み、最新トピックス、採用の傾向も掲載されており、全体像の把握がしやすいのが特徴です。

(https://asahi.gakujo.ne.jp/)

### 濃縮還元ニュース（業界新聞・専門紙）

各業界の業界新聞をまとめたサイトです。

このＷＥＢサイトには「毎日読みたい」ニュースサイトが集結しており、経済・ビジネス全般と業種別・業態別のニュースのリンクがまとめられています。

(https://jp.newsconc.com/japan/industry.html)

## 集めたネタの賢い整理方法

私はＥｖｅｒｎｏｔｅ（エバーノート）というアプリを使うことをおすすめしています。

Ｅｖｅｒｎｏｔｅとはパソコンでもスマホでも使える「デジタルのノート」です。

外出先でも気になった時にサッと記録ができるので、アイデアや情報をもらすことがなく、後から情報をまとめ直すのにも重宝します。

仕様には有料版と無料版がありますが、就活では大容量の画像や動画、音声データなどは扱わないと思うので、無料版で十分です。

Ｅｖｅｒｎｏｔｅでは、「ノートブック」という機能が、紙のノートをとじる「バインダー」の役割を果たし、「ノート」という機能が「ルーズリーフ」の役割を果たします。例えば、「メーカー」というノートブックを作って、そこに「A社」、「B社」、「C社」のノートを足していき、整理するというような感じで使うとよいでしょう。

1つのノートにはメモ帳感覚でネット情報をまとめたり、いただいた名刺を写真に撮って貼りつけたり、届いたメールの本文をまとめたりと様々な活用方法があり、ノートの順番も後から自由に入れ替えられるのでとても便利です。

## Evernoteの使い方

### 1．まずはアプリをダウンロードしよう

パソコンからなら、https://evernote.com/intl/jp/download へアクセスして、アプリをダウンロードします。スマホがAndroidであれば、Google Playストアから、iPhoneであれば、App Storeで「エバーノート」または「Evernote」と検索しましょう。

## 2．次にEvernoteのアカウントを作成しよう

Ｇｏｏｇｌｅのユーザーであれば、そのアカウントを使えば登録の手間が省けます。Ｇｏｏｇｌｅのアカウントを使わない場合は、任意のメールアドレスとパスワードで登録ができるので、パソコンなら無料の「Ｅｖｅｒｎｏｔｅベーシック」を選択して、「無料で新規登録」をクリックします。スマホならメールアドレスを入力して「続行」。パスワードを設定してアカウントの作成をします。

## 3．次にアプリを起動して「新規ノート」を作成し、活用しよう

パソコン版でもスマホ版でもアプリを起動したら、画面に「＋」ボタンが表示されます。パソコン版なら「＋」ボタンをクリックして、ノートの題名を入れたり、本文を作成していきます。

Ａｎｄｒｏｉｄ版なら「＋」をタップして、「テキストノート」を選択すればノートが作成され、ｉＰｈｏｎｅ版なら「＋」をタップすればノートが作成されます。

あとは、気になることや残しておきたいこと、使えそうなＷＥＢサイトのＵＲＬなど、どんどん追加して整理していきましょう。

志望動機のためのネタ探し以外にも、自己分析に役立ちそうな内容も整理できますので活用してください。

## 参考にしたい志望動機例

私は学部で身につけた語学力と地域の方々へ貢献できた喜びから、貴市の計画にある「都市農業の展開」と「地域コミュニティの活性化」に関わりたいと思い、志望致しました。

私は、大学卒業後は語学も活かせる仕事に就こうと考え、多くの外国人とふれ合う期待ができる首都圏の大学へと進学をし、学部は外国語学部を選びました。

地方出身なのと慣れない土地から最初は知り合いもおらず、早く地域に馴染みたかったことと体を動かすことが好きだったことから、地元の消防団に入り3年が経ちました。

消防団はシニア層をはじめとするたくさんの地元の方が参加しており、私が若いことと出身地で農業が盛んなことから、稲作や野菜作りといった農業を手伝わせていただいたり、夏祭りの運営など多くの地域活動に参加させてもらえ、この市で生活してきた方々の生のお声をいただくとともに、とてもかわいがってもらうことができました。

アルバイトでは外国人が多く訪れる百貨店でお客様案内係を行い、中国や韓国などアジア系外国人の方への案内を通じ、語学の実践力も高めることができています。

貴市は集約型都市農業を推進し、それをブランド化しており、地域コミュニティを中心としたあたたかい街づくりから共助による社会の実現を目指していらっしゃいます。

私は大学で学んだことと地域の方々との経験を活かし、市役所へ訪れる多様な外国人の方も含めて、貴市の発展に貢献していくことができます。（598文字）

### 思わずうなったポイント

少し長めの志望動機ですが、自分の学生時代を振り返り、応募先の市役所が進もうとしている方向性を調べた上で、具体的に貢献できそうな点を複数伝えられています。

自分のやりたいことが単なる地域の人への「恩返し」ではなく、市が発展するために必要なものを市の総合計画から把握し、アルバイトや消防団での積極性も伝えた上で、人づき合いにも問題がない人間性を感じさせる内容です。

語学力については、エントリーシートの資格欄にグレードが記述されているので、あえて書かずに実践したことを伝えているところもくどくなくていいです。

## 通過率が劇的に上がるエントリーシートの書き方

ＷＥＢエントリーは郵送による選考とは違って、入力内容をＡＩに読み込ませることができます。

この選考でＡＩは剽窃《ひょうせつ》という「他人の成果物を自分のものとして取り込むこと」がないかを判断しており、剽窃の疑いがあるエントリーシートであれば該当箇所を一括抽出して、その確認を評価者へと促します。

つまり、剽窃が多ければ多いほどオリジナリティがないということになるので、どこかからの見本をつなぎ合わせただけだったり、自身の体験が反映されていない「虚偽」の内容であるという疑いの可能性が上がるのです。

このことから、まずはすべてをオリジナルの内容で作成することを心がけましょう。

### 注目してもらいたいところは記述に工夫を

記入欄の冒頭に【　】を使ってタイトルや要約をつけると、注目度が上がるだけでなく、読みやすさや把握のしやすさも上がるので、バランスを考えて上手に使えるのなら有効な方法といえます。

ただし、【 】をつけることで、面接官に先入観ができることもありますし、そもそもその記述内容が興味をひかない内容だと、先の部分に期待をしながら読んでもらえなくなるので注意が必要です。

できれば提出前に大学の就職課の相談員の方にチェックしてもらい、よりよい表現となるよう手伝ってもらうとよいでしょう。

## エントリーシート記入時の注意点

### 手書き編

・複数行で行間がない記入欄なら行の幅の80％程度の大きさの字で丁寧に書く
・文字の下部は行の罫線を基準にし、重なっても良い
・発色がいい黒の水性ボールペンがおすすめ
・こすると消えるボールペンは使用できない

・できるだけ鉛筆で書いた下書きの上からなぞって書くことは控える
・きれいな字よりも読みやすく丁寧な字を心がける
・太さは0・5㎜程度を使う人が多い
・油性のボールペンも使用可能
・万年筆を使ってもよいが、使用者は圧倒的に少ない
・氏名欄に書く自分の名前はバランスよく大きめに書く
・大学で指定されたもの（履歴書や自己紹介書）があれば、それを使う

**WEBエントリー編**

・指定された文字数ぴったりを目指して入力する
・1桁の数字は全角、2桁以上は半角の数字を使う
・できれば画面上の確認だけでなく、印刷をして誤字脱字のチェックをする

**手書き・WEBエントリー共通編**

・行の途中で改行せず、端まで埋める

・文頭は1マス空けない
・住所の番地は「1－2－3」でも「1丁目2番3号」でもどちらでもよい
・面接に備えてエントリーシートはコピーをとっておく
・余裕を持った行動を心がけるよう、締め切り間際の提出はできるだけ避ける
・完成したら必ず読み返して、誤字脱字のチェックをする
・夜中は感覚が変わることがあるので、できるだけ作成することを避けて昼間に作成する

## こんなエントリーシートは落とされる！

ちょっとした不注意がきっかけで書類を読んですらもらえない……時間をかけてせっかく作るのだから、それだけは避けたいですよね。

そこで、「こんな書類は読まずに落とされる」残念な応募書類を紹介したいと思いますので、参考にしてください。

### NGな応募書類例

・指定された応募書類が入っていない
・書類作成日や提出日が入っていない
・郵送の宛先に「様」または「御中」を忘れている
・応募書類に折れやシワがある
・郵便料金に不足がある
・宛先の会社名が正式名称でない
・封筒に「応募書類在中」と朱書きされていない
・手書き書類に使われている筆記具が途中から変わっている
・封筒の中に消しゴムの消しカスが入っている
・封筒の中からお菓子のカケラが出てきた
・応募書類が汚れている
・応募書類の文面に人を傷つけるかもしれない表現がある
・文字が乱雑
・履歴書や自己紹介書が他の企業に提出した書類の使い回しである
・どこの業界にでも当てはまるような志望動機になっている

・友達と話す時のような表現がある
・空欄が多い
・小さな字でびっしりと書かれていて読みづらい
・修正液が使用されている

## 「書類審査」に関する悩みはこう切り抜ける!

### 面接官受けを狙うなら「証明写真ボックス」は避けよ

履歴書写真は就活写真に慣れている写真店で撮影するのがベストです。「証明写真ボックス」では、自分が思う自分のよい顔が基準となるため、面接官受けする顔にならないからです。

先輩などから「ここの写真館は選考に通る」という情報をもらえると確実です。

大学では就活シーズンになると就活写真を提供する業者の方が撮影会をすることがあります。それを利用することもよいでしょう。

## 現住所と緊急連絡先が同じ場合の対処法

緊急連絡先は大学で用意されている就活用応募書類の書き方を参考にしましょう。もし、見つからない場合は「現住所に同じ」で問題ありません。

## 帰省先住所は何のために使われるのか

帰省先住所は、夏季休暇などの長期休暇時にどうしても連絡をとらないといけない場合があった時のために設けてあります。

あくまで緊急連絡先としての扱いなので、必要がない時に使用されることはありません。

## 民間と公務員でわかれる「添え状」の扱い

民間企業の場合は、ビジネス上の習慣でもあることから添え状を必要とされることが多いです。

近年の公務員試験では、ペーパーレスの推進もあり、添え状がなくても選考結果に響くことはまずありません。

## 応募書類をクリアファイルに入れるべき理由

あまり起こった例を聞きませんが、郵送の場合は天候などにより応募書類が濡れてしまうことも考えられます。

ペン書きの書類であれば滲んで汚くなることも考えられるので、できればクリアファイルに入れて郵送しましょう。

## 履歴書は手書きで作成するのが無難？

履歴書の作成を手書きとパソコン作成で迷った場合、メールで送る指示がある場合は、パソコンで作るとよいでしょう。

どちらか判断がつかない時には、応募先へ電話して確認を取るか、手書きで作成して送れば問題ありません。

## 趣味欄で見られている〝能力〟とは？

採用面接は仕事をしてもらえそうかを判断するものなので、よほど興味を持たれない限りは趣味欄をメインにして話が進むことはありえません。

ただ、趣味はストレスを解消したり、軽減したりしてくれるものなので、ストレス耐性をはかる基準としている企業もあります。

ごく稀に「何も考えずに散歩」や「考え事をしながら散歩」、「好きなものをおなか一杯食べる」などというのを書く人がいますが、心と体の健康が心配になるような内容は避けたほうがよいでしょう。

## 特技のレベルは主観的で問題ない

採用に直結するような特技があれば話は別ですが、特技欄の内容は面接でのメインの項目になることはほとんどありません。

ただ、空欄にしておくのも見栄えが悪いので、「今まで一瞬でも一生懸命になってできるようになったこと」を基準に一度考えてみてはいかがでしょうか？

特技のレベル感は主観的でよいので、「自分がまあまあ納得できる」というようなものを探してみてください。とんかつ屋でアルバイトをしていた学生は、「キャベツの千切りが得意で早い」という特技を記述していた例もあります。

## 本人希望記入欄は〝定型文〟が基本

本人希望記入欄は大学所定の履歴書・自己紹介書にはあまり見られない欄ですが、市販の履歴書には設けられています。

本来は家族の介護など、やむを得ない私的な状況があった場合に書く欄なのですが、もし自分が提出する書類の書式に記入する欄があれば、「貴社の規定に従います」と書いておけば問題ありません。

## 「写真の裏に名前を書く」は万が一の保険

写真の裏に名前を書くのは、もし何らかの事情で写真が剥がれていた場合を想定しています。

応募先の担当者はあなたの顔を知らない可能性が高いので、必ず「大学名」と「氏名(ふりがな)」を書いておきましょう。

# 「就活全般」に関する悩みはこう切り抜ける！

## ネットニュースの時代でも新聞を読むべき理由

情報の伝達が即時となった今は、新聞よりもネットニュースのほうが情報を早くキャッチできます。

新聞は発行されるまでに時間がかかるので、どうしても即時性がなく、記事が浅くなってしまいます。

それでも時代遅れの面接官の中には、「今朝の新聞の一面には何が書いてありましたか？」なんて聞いてしまう人がいるので、一応対策はしておいたほうが無難です。

## 面接は発表会ではないことをわきまえよう

面接は発表会ではないですから、エントリーシートに書いたままのことをいくら感情を込めて言っても面接官からは何の反応も得られません。

面接では、「志望動機を詳しく」と言われることが多いですから、志望動機のもととなったエピソードを話しましょう。

その時、自分の心がどのように動いたのか、実際にその時に交わされた会話などを盛り込んで話すと「リアル感」を出すことができます。

面接官は、文字では表しづらかったことや書ききれなかったことをあなたの表情や気持ちから感じ取りたくて、書類に書いてあったとしても聞いているのです。

## 提出日と選考結果に因果関係はあるのか

最近は「何のための期限?」と応募者から突っ込まれるので、提出の早い遅いは関係ありません。

以前は、準備力があるとか事前に想定した行動ができるなどの評価をしていたところもありましたが、焦って不完全なものを出されても意味がありませんので、最近は期限内までに受けつけたものは公平に扱うというのが主流です。

ちなみに公務員試験は何十年も前から、提出日と選考結果に関係はありませんでした。

## 内定保留期限の目安とは

内定の保留は内定承諾書がメールや郵送で送られてきて、そこに記入されている日付がＭＡＸの期限となります。

「やむを得ない事情がある時にはご連絡をください」と企業からのメッセージが添えられていることもありますが、「これから他社を受験するので保留にしてください」という完全な自己都合は聞き入れてもらえる可能性が低いです。

## オワハラはひとりで悩まず相談を

内定先が頻繁に就職活動の状況を聞いてくることは想定される範囲内です。

ただ、他社も受けることを内定先に伝えてある上でのオワハラ（就活終われハラスメント）は、辛いですよね。こういう場合には、大学の就職課の職員へ相談してみましょう。個人で抱えるよりも大学と共有することにより、大学が間に入って話をしてくれる場合もあるので、一度相談をしてみましょう。

## サイレント状態の企業への対処法

サイレントは選考途中の人が増えている場合に起こりやすい現象です。

コロナ禍では、出勤できる職員が限られていたり、職員同士の連絡が取りにくかったため、どうしても返事が遅くなる傾向にありました。

自身の就活スケジュールが立て込んでしまい、どうしてもうまく調整ができない場合は連絡するほうがいいのですが、単に選考結果を知りたいだけの場合は、待ち続けるほうが無難です。

## 内定辞退の時こそ誠心誠意対応しよう

内定辞退をする際はまずは電話で採用担当に連絡をしましょう。

メールでは事務的になってしまうことと細かなニュアンスが伝わらない場合もあるので、電話が無難です。

電話連絡をした結果、来社を促される場合がありますが、それは素直に受けて担当者を訪問しましょう。

訪問した時には「他のところへ行くことにはなるけれど、今後仕事上での関わりができた場合にはよろしくね」という社会でのつながりを前提としたお話を中心に、応援してくれることも多いです。

くれぐれも「叱られるのでは？」という先入観を持たないようにしましょう。

## 第2新卒にもチャンスはある

卒業したり、留年してからの応募にはそれなりの理由を問われることがあります。

例えば、大学なら4年次に希望していた企業の選考に通らなかったことで、わざと留年をして新卒として再チャレンジしようとすることは、そこまでしてその企業へ就職したいという熱意や気持ちとしては評価できるのですが、ゴールはその企業へ入社することではなくて、その企業に対して貢献できる人材になることなので、そこの部分がない状態では、わざわざ留年をしてまで、あなたの希望を満たすことは賢明とは言えません。

それぞれの企業は期待し、求めているお客様（上場企業なら株主）のために存在しますから、自分の気持ちや欲を満たすためだけに留年をして、応募するのはやめておきましょう。

また、何かしらの理由で第2新卒や卒業後の就職となった人には、新卒求人に既卒求人も含めた求人票を出してくれる企業が出身大学へ集まることもありますし、就職課の利用は在学生だけに限らず、卒業生も利用できるようにしてくれている大学もありますので、まずは自分の大学がそうなっているのかどうかを確認してみましょう。

もし、自分の出身大学が期待するような卒業生フォローをしていない場合には、卒業後3年以内なら「新卒応援ハローワーク」が利用できます。新卒応援ハローワークは全都道府県にあり、ここは国の支援機関なので利用料は無料です。ジョブサポーターという新卒者の就職支援を専門とする職業相談員が個別支援を行ってくれたり、各種ガイダンスやセミナーにも無料で参加することができるので安心です。

**著者紹介**

**瀧本博史**（たきもとひろし）

キャリコンリンク合同会社代表。年間約2000件の職業相談を行なっている現役のキャリアコンサルタント。25年以上の実務経験をもとにした「時代の流れをくむ就職・面接指導」を得意とし、国立大学の特任講師や大学内での就職講演も担当。2015年から支援を行っている箱根駅伝常連校の大学では、相談予約開始と同時にいっぱいとなる「行列ができるキャリアコンサルタント」として、著名企業や国家公務員などの内定者数を毎年塗り替えてきた。これまでの相談実績は３万件超。現在は、国家資格キャリアコンサルタント希望者育成のため、厚生労働大臣認定講習キャリアコンサルタント養成講座の講師も担当している。取得資格は国家資格２級キャリアコンサルティング技能士（熟練者資格）、産業カウンセラー、米国ＮＬＰ協会認定ＮＬＰトレーナー。

オンライン就活《しゅうかつ》は面接《めんせつ》が９割《わり》


2020年10月１日　第１刷
2021年３月１日　第２刷

著　者　瀧《たき》本《もと》博《ひろ》史《し》

発行者　小澤源太郎

責任編集　株式会社 プライム涌光
電話　編集部　03(3203)2850

発行所　株式会社 青春出版社
東京都新宿区若松町12番１号 〒162-0056
振替番号　00190-7-98602
電話　営業部　03(3207)1916

印刷　中央精版印刷　　製本　大口製本

万一、落丁、乱丁がありました節は、お取りかえします。
ISBN978-4-413-23170-1 C0030